学校のサンクチュアリ

―多様性ある社会の人権と教育―

金　光敏

Kim Kwangmin

かもがわ出版

〈版画〉森　英二郎

はじめに

アメリカ・カリフォルニア州サンディエゴ市郊外のＲＪドノバン刑務所の出所者は、他の刑務所に比べて再犯率が三分の一と低い。この事実に着目した坂上香監督によって制作された映画が「ライファーズ終身刑を超えて」（２００４）だ。つまり、この作品の主人公は、長期収容されている凶悪犯たちだ。タイトル「ライファーズ」は終身刑また無期刑受刑者を意味する。

どの刑務所の受刑者たちにも劣らない凶悪犯罪者たちがここに収容されている。筋骨隆々で、体中にタトゥーを施した大男たちが、赤裸々に自らの残虐な犯罪行為を語るところは、恐怖すら感じさせる。彼らによって受けた人びとの被害は想像に余りある。しかし、この映画は犯罪を暴露し、犯罪者を追放しようと呼びかけているわけではない。むしろ、憎むべき犯罪がなぜ生まれたのかを受刑者たちの姿を通して、見る側が考えていく映画だ。

アミティと呼ばれるＳＳＴ（ソーシャルスキルトレーニング）がここでは実施されている。いくつかの約束事をもとに、参加者たちが車座になり、ファシリテーターの見守りのもと、一人ひとりが語りを始めていく。語りは多様だ。また、話し合いに参加しないものが後ろから眺めることも許される。話し合いを冷ややかに眺め、自分には必要ないとつっぱねる受刑者。そんな彼も含んで粘り強くアミティは続けられていく。

そのうちに背を向けていた受刑者が仲間たちに誘われて、その輪のなかに入っていく。他の者がしたように、ゆっくりと自分語りを始めるのだ。見るからに屈強で、手にするものをすべて傷つけてしまいそうな強面の受刑者が、促されて語る人生の話は、犯罪者であり、凶悪犯であった彼らもまた、普通の人であったことをうかがわせる。なによりも生い立ちを語るときは壮絶だ。長く封印していた過去の記憶のふたをあけて、彼らが自らの幼少期について語る場面では、人が変わったように弱々しく泣き崩れ、倒れこみ、他のメンバーに支えられながら、ようやく立ち上がる。その語りには性的暴力を含む被害の深い傷があり、養育を放棄された孤独があり、犯罪者になるべくしてなったのではないという一人ひとりの人生があった。

興味深いのは、語りを終えた受刑者たちの顔が変化することだ。これまでの強がり威嚇する表情は消え、「そんなつらい話を俺たちに語ってくれたお前を尊敬する」と受容されたことで、人間の感情を少しずつ取り戻す。そこからようやく自らが傷つけた人びとが抱えさせられた苦しみや悲しみを感じ取るのだ。これが再犯率の低下につながっていた。彼らはアミティを「サンクチュアリ」と呼んだ。そこをもっとも安全で安心できる場所だと語った。

自らを守ってくれる人はおらず、またたれかに傷つけられるかもしれないと怯えながら生きることは苦しい。そんな緊張によって張り詰める心の糸は、いつか伸びきって切れる。人生の歯車が狂う瞬間であると言ってもいい。

私は学校をとても大事な場所であり、教育を受けることは人権だと考える。だから、私は、子どもにとって、親にとって学校をもっとも安心で安全な場所にするためには、何が必要かを考えてきた。私は学校をサンクチュアリにしたい。しかしいま、その学校でいじめ、差別に苦しみ、貧困にあえぐ子どもたちいる。そして過剰に学校に攻撃性を強める親もいる。教員たちの苦労は増すばかりだと言っても過言ではない。ただ、どの場合も、経験に照らし合わせて言えば、初期対応の失敗が入口にあるし、学校という組織をこう動かせば力を発揮できたはずなのにという場面に何度も出会ってきた。なぜ初期対応の失敗が起こったのか。なぜ学校の教職員の共同体がうまく機能しないのか、また教員の孤立すらも目立つ。そこを明らかにしたいと考えてきた。

子ども、親のみならず、教員にとっても学校という職場はサンクチュアリでなければならない。教員自らが緊張の日々を送っていてはだめで、まさにのびやかに考え、縦横につながり、幅広く対応できる学校の土壌を豊かにする必要がある。ならば、それはいったいどうしたらいいのか、それを解こうと考えたのがこの本だ。現役の教員、これから教員をめざす人、教育委員会、教育に関心のあるすべての人にぜひ手に取ってほしいと考えている。

第1章

子ども支援の原点

民族学級

私が子ども支援の仕事に携わったのは1995年からだから、すでに30年近い歳月が流れたことになる。公立学校に学ぶ在日コリアンの子どもたちを対象にした「民族学級」を公的に位置づける教育団体の専従職員に就いたのが、その活動の始まりだ。社会全体の多国籍化が進むより少し前の頃で、在日外国人問題と言えばまだ在日コリアン問題が主であると捉えられていた時代だ。

大阪は在日コリアンが多い都市だ。そうは言っても人口全体で言えば圧倒的少数に過ぎない。大阪市内の生野区や東成区、西成区などに集住地域はあるものの、その地域においても地域の学校における在籍率はせいぜい10パーセント前後であり、多いところでも30パーセント程度。生野区内の大きな集住地域を除けば、コリアルーツの子どもたちが少数であるという事実に違いはない。

コリアルーツの子どもたちが日本社会で生きていくためにも、朝鮮半島固有の文化や家族史を学ぶことのできる「民族学級」はとても大事だ。「民族学級」(現在は多様な呼称がある)は、おおむね教育課程外で実施されている。大阪市の事例をあげれば、公立小中学校における設置率は約22パーセントだ。週に一回程度実施されていて、コリアルーツの子どもを対象に参加が促され、もっぱら最終校時や放課後に授業が行われている。私はその設置、運営、講師選定などで地元教育委員会とも連携し、教育コーディネートを務めてきた。

民族講師と呼ばれる指導者は、同じ文化的背景、民族的背景をもつ者が教育委員会によって任用されている。取り組みの時間が少ないため、それをカバーする効果的、効率的な授業スキルが民族講師には常に求められる。その支援も欠かせないものであるが、民族講師の処遇はきわめて低い。求められる教育スキルの高さとは反比例するような制度的支援のアンバランスに、当事者たちは悩んできた。私が最も注力してきた分野のひとつに、民族講師を支える制度の拡充がある。民族講師の処遇改善を、教育行政に提案、提言してきた。

民族学級の設置、運営に必須なのは、学校教育の一環にしっかり位置づくことだ。教職員全体の協力推進体制が欠かせないし、学校の人権教育や多文化共生教育の質や量が高まらなければ、民族教育の環境はよくならない。言わば、コリアルーツの子どもたちの支援が学校の教育計画に体系的に位置づけられる必要があり、そのための学校支援も私の役割だった。学校単位の教職員研修会、市内のブロックごとの研修会、あるいは新任教員研修会など、さまざまなかたちで講師に招かれ、民族学級のねらいや効果、また、それを含む学校全体の人権教育の進め方について解説したり、提案したりしてきた。そのためには私自身の感覚を磨く必要があるので、さまざまな学校訪問や授業見学、教育研究への参加も続けてきた。

民族学級の取り組みを充実させるために、民族講師の先生たちと課題を共有し、その上で教育委員会の人権教育推進部署の担当者たちとも連携してきた。また、人権教育や在日外国人教育の研究団体、教職員組合も、この分野では重要なパートナーであった。まさに学校教育に携わるあらゆる立場の人びととの共同作業の上に、「民族学級」が取り組まれている。こうした大阪における「民族学級」のような事業は全国的にも見ても珍しい。在籍する当事者の児童生徒の数も多かったため、民族教育は人権教育や多文化共生教育の重要な柱のひとつとして、牽引され先駆的な役割を担ってきた。

2021年1月に発表された中央教育審議会答申で、文部科学省は外国につながる子どもの教育支援に「母語・母文化支援」を掲げた。すでにその補助事業も始めていて、それに先立つ2019年1月には政府高官として初めて浮島智子文部科学副大臣（当時）が大阪市立生野南小学校「民族クラブ」（民族学級の校内名称）を公式視察した。この視察のコーディネートを私が務めたが、視察後の同行記者団とのぶら下がり会見で、浮島副大臣は「母語・母文化の学習支援は大切。文部科学省として後押しできないか検討したい」と語った。大阪だけでなく、母語・母文化支援が外国につながる子どもの生活意欲や学習意欲の向上に効果的だとする臨床研究の積み上げの上に、民族学級の取り組みもまた重要な事例と位置づけられた。

荒れの中心にいた在日の子たち

私の通っていた大阪市立生野中学校に「朝鮮文化研究部」という民族学級があった。かつて私がそこで学んだという事実は、今の「私」と深く関わっている。

まだ幼かった私は、とにかく好き勝手やりたい放題で、ずいぶん教員を悩ませた。なにしろ、学力は低く、授業に集中せず、持ち物はそろわず、さぼる、つぶすが日常茶飯事だった。

私の世代は第2次ベビーブーマーと言われ、子どもの数が多かった。私の学年は9クラスで学級定員は45人。どのクラスもすし詰め状態で、1学年の生徒数は400人を超えていた。それと比例するように学校の荒れも激しかった。

当時、テレビドラマの「3年B組金八先生」が高い視聴率をとっていたが、そのパート2で校内暴力の様子が再現されている回があった。ドラマの終盤、卒業式を控えた主人公の生徒たちが教員を放送室に監禁し、これまでの指導に行き過ぎがあったとする学校側の謝罪を勝ち取る。放映後、上級生の生徒らがそれを真似て、放送室に立てこもるなどの悪ふざけをしたことも記憶にある。

私の学年も、荒れの規模は大きかった。まるで定例行事のように、生徒らが授業と休み時間の区別なく走り回り、非常ベルを押し、学校施設を破壊し、教員たちと取っ組み合いをしていた。体がそれほど強くなかった私は、腕っぷしでは到底太刀打ちできなかったものの、授業つぶしでは相当悪質であった。とにかく先生たちを困らせた。

非行行為を繰り返すグループの構成人数がまた多かった。便乗する連中も含めれば、なんだかんだとひと学級分ぐらいの生徒が集団化して暴れまわるのである。一度火が付くと教員たちでは抑えられず、警察の力を借りるしかなかった。そうしたこともあって、生野中学校には、定期的に所轄警察から刑事さんたちが見回りにきていた。

では、そうした荒れのまっただなかにいた生徒たちは、どのような子らであったのか。30人、40人規模の暴れまわる生徒らのなかで、思い出してもせいぜい三人か四人だったのではないか。何のことか？　それは日本人生徒の数だ。あとはと言えば、すべてが在日の生徒たちだった。いま思っても実にいびつな実態だったと言える。とにかく荒れて暴れまわる在日生徒らの存在が目立ち、実際に荒れによる被害も相当なもので、それが学内の、そして地域の日本人社会の在日を見る目を決定づけていた。

それによる民族差別の悪循環も深刻だった。校区内に中規模、小規模の在日集住地域があった生野中学校では、在籍する30パーセント弱が在日の生徒だった。在日の在籍実態から言えば、非行率はきわめて高かった。大阪市内でも有数の荒れの深刻な学校として広く生野中学校は知られていた。在日イコール荒れを印象づけてしまったと思う。

言うまでもないことだが、すべての在日生徒が暴れていたわけではない。どんなに厳しい生活状況にあっても、勉強に励む子、クラブ活動でがんばる子もいた。でも、在日社会への厳しい目線、あるいは荒れのなかにいる生徒たちが、容赦なくそうした子をも巻き込んだ。「韓国人はだめ」「朝鮮の子は悪い」などの見方が横行し、まじめに生きている在日の子たちをも傷つけていく構図があった。荒れる子も、まじめに生きる子も、在日である宿命を背負い、民族差別と背中合わせに生きていたと言える。

当時、荒れのなかにいた在日生徒の多くが、生きることに刹那的で、夢や希望を見出せない日々を悶々と過ごしていた。その背景には、やはり生活の厳しさと、自らが「日本人ではない」ことによる社会からの疎外感があった。

荒れの原因はどこからきていたか

非行行為を繰り返す多くの連中は、同じ地区に住む小学校時代からの遊び友だちだった。今も時々会うのだが、もうすっかりおじさん、おばさんになっている。彼らは激情型で、感情の起伏がとにかく激しかったのだが、その一方で、人なつっこくて明るくて、感受性が強かった。

40年近くの歳月が過ぎた今、彼らからあの頃の話を聞くと、驚くことが多い。今だからあっけらかんと話しているが、当時はつらかっただろうなと思う。誰もが生活の中に孤独をかかえていた。そんな様子が伝わってくる。生活は厳しく、その日食べるものにも事欠くような暮らし。パンの耳をもらいに回ったこと、水道すら止められて洗濯もできず、カッターシャツの襟が真っ黒で恥ずかしかったなど、当時を振り返る。激しい肉体労働で心身を壊した親の看病をしながら中学校を卒業した話。生野中学校に転校してきた友人は、前の学校でひどい民族差別を経験していたとも語った。

社会人になってからもそれは続いていた。国籍の違いで彼女の実家の敷居すら跨がせてもらえず、自分から彼女に別れを告げて結婚をあきらめた話。どんなにがんばっても働かせてもらえるところがなくて途方に暮れているときに、やっと在日の会社に拾われた話。飲み会の席で「もう済んだことなんだけど」と付け加えながら、悔しそうに涙をこらえるのを見た。

あの頃、荒れるには荒れるなりの、自暴自棄になるにはなるなりの理由があった。どこから夢や希望を見出したらいいのか、あまりに重たい現実のなかで、少年たちはもがきながら大人になっていった。

貧しさと差別のなかの少年期

私自身もそうだ。少年時代、自らが在日であることはただただ「不幸なこと」だと信じて生きていた。御多分に漏れず生活は貧しく、成長するにつれて差別の重圧に苦しんだ。在日の集住地域である生野区の中にも「あっちの人」への差別語が飛び交っていた。「韓国人やけどあの人はええ」という言葉もそうだ。私たちは在日を蔑む言葉を日常的に聞いて育った。

さらには、国籍による〝合法的な差別〟がいたるところでまかり通っていた。国民健康保険証には国籍条項があり、社会保障制度の多くから排除されていた。就学においても、私の時代には「就学通知」はもとより「就学案内」もなかった。同世代の日本の子どもたちが自動的に就学手続きが進むのとは違い、役所を訪ねて「お伺い」をたてなければならなかった時代だ。

私が暮らした大阪市生野区は、そもそも富裕層がいる地域ではない。日本人でも裕福な家庭は少なかった。それが在日家庭ともなれば、さらに輪をかけて困窮していた。生野区の地場産業と言われた「ヘップサンダル製造」「プラスチックの成型加工」は、もっぱら在日が支えた。しかし、この仕事は「季節もん（もの）」と呼ばれ、年間通して安定的に作業があるわけではなく、特定の時期に集中して発注されるものだ。加えて単価がとにかく低かった。

私の母親がミシン縫いしていたヘップサンダルは、一足あたり1円前後。通貨としては流通していない70銭、80銭の計算も通常だった。春物、秋物などの呼び名のもと、期日が迫った状態で品物が運び込まれた。母親は徹夜でミシンを回し続け、それこそ食事もミシン台に座りながら食べていたし、時間を惜しむあまりトイレに行くのもぎりぎりまで我慢した。そうして一日の大半をかけて1000足相当の作業をこなしても、日当は1000円になるかならないか。1970年代後半の最低賃金は315円から350円で、労働者を守るために制定された労働基準法や最低賃金法からも守られることのない、底辺中の底辺の労働者だった。

父親の仕事は、卸売市場の日雇いや飲食店従業員など、どれもその日暮らしのような賃金で、生活の厳しさは一向に改善しなかった。一攫千金をねらって博打に手を出し、給料をすって帰ってくることもちょくちょくあった。喰いつなぐための最後のセーフティネットは「頼母子」だった。もはや若い人たちは「頼母子」がなんであるかも知るまい。

私は、「日本人ではない」という事実が、困窮と不幸の原因であると思い込んでいた。貧しさはすべてそこから来ていて、自分が朝鮮人であるから仕方ないのだと思っていた。なぜそう思っていたか。私のまわりを見渡しても、「同じ国の人々」がみな似たような生活環境だったからだ。私などはまだましなほうで、バラック小屋の粗末な家屋で暮らす、着た切りスズメの小汚い服装をした子たちの家に行くと、日本語になまりのあるばあさんやじいさんがいて、家人たちは一様に暗く、家の中を覗き込もうとするとそれを隠すように視野に割って入る友だちの姿があった。

「民族学級には行かない」

私自身のままならない生活すらもまだましに見えるような、厳しい現実のなかで苦しみながら生きている人々と同じ時代を生きてきた。私の瞳に飛び込んでくる社会とは、まさに「同じ国の人々」のあまりにもみじめな暮らしぶりだった。私の両親もそうだったが、幼少期にまともに教育を受けていなかった人ばかり。文字の読み書きすらまともにできなかった。

もちろん、在日のなかにも金持ちはいた。私の育った地区にも三階建てのレンガ造りの家に暮らす人もいた。在日がすべて貧しかったというわけではない。ただ、多くが今日を生きることに必死だった。

私は、民族学級に誘われると抵抗した。絶対に嫌だった。なぜなら、私の不幸はすべて「自分が朝鮮人である」ことから来ていると信じていたからだ。民族学級に行くということは、最も避けたかった「韓国朝鮮」に近づくことであり、「立場宣言」をすることに等しかった。「立場宣言」とは、自らが朝鮮人であることを宣言することだ。

私の知る「韓国朝鮮」は頼りがいがなく、人々を貧しさに追い込み、将来に明るさのない暗雲のような存在だった。少年だった私の目に映る「同じ地区に住む、同じ国のおとなたち」の姿は、長時間危険な労働をしながらも低賃金にあえいでいるものだった。プラスチック加工、金型加工、と作業するおっちゃん、にいちゃんたちが、家内工場の安全装置のない機械に手を挟まれて大けがをするなどは、普通の風景だった。安全装置をつけると機械の値段が上がるため省かれていたのだ。

そんな風景が、もはや目と鼻の先に迫る私自身の数年後の姿なのだ。その現実からいかに逃げるか、当時の私はそれしか考えていなかった。だから私は「韓国朝鮮」を遠ざけようとしたし、逃げ切りたいと思った。だから、「民族学級」は嫌だったし、怖かった。

ひとりの先生との出会い

ところが、私は「民族学級」に通った。あんなに嫌悪していた「民族学級」に、なぜ足が向いたのか。自分自身でも不思議だが、理由があった。それは、ひとりの教員との出会いだった。乾啓子先生。中学の3年間英語を担当、2年生のときは担任もしてくれた。数多くある教員たちとの出会いのなかで、感謝すべき人は少なくないが、私の人生を大きく変えてくれたと言えるのは、乾啓子先生に尽きる。

乾先生は、一言で言えば忍耐強い人だった。当時、30歳前後だったから、いまならば若手に属する教員だ。パワーは生徒たちに負けていなかった。とにかく、家によく来た。教員が家に来るというとき、多くの場合、生徒の問題行動を家族に告げて「よく話しあってください」「同様のことが今後ないようお願いします」となりがちだ。でも、乾先生は生活のすべてが垣間見える狭い長屋の玄関口に座り、ミシンを回し続ける母親と話し込む。それもかなり長時間にわたることもあった。

道草を食って路地の入口をまがると、中学校名が書かれた自転車があり、教員が家に来ていることがわかる。私に緊張が走る。学校から先生が家庭訪問に来たあとは、必ずと言っていいほど、親は私を殴り倒したからだ。両親には子どもに言葉で諭す力がなく、日々の生活に大きなストレスを抱えながら生きている。だから、感情を爆発させ、とにかく私をよく殴った。逆に言えば、教員たちが家に来てあれこれ言って帰るのは、そうなることを期待しているのかと思うぐらいに、教員は学校であったことを逐一親に伝えようとしていた。

それだけではない。教員が家に来て、その日あった私の問題行動について話すとき、母親はとにかく教員に謝った。がたがたの板の間におでこを擦りつけて。その姿を思い出すと、いまも涙が出る。ただ、当時の私はわけもわからず、ただただ強く反発を持った。母親は文字の読み書きもまともにできない人だ。働いても日当１０００円にもならないという理不尽な日々を生きる人だ。そんな母親に、いったい教員は何を求めて詰め寄っているのか。個人的には苦労して教員になったのかもしれないが、学歴も知恵もある教員に、小学校もろくに終えられなかった母親が板の間におでこを擦りつけて謝っているのだ。「学がのうて、何にも教えてあげられへん。私がぜんぶわるうおます。せんせい、堪忍しておくんなはれ」。その姿は本当に屈辱的だった。私の学校に対する不信、大人に対する不信は、こうしたなかから生まれたのだと思う。

でも、乾先生はちがった。家にはとにかくよく来ていたが、他の教員とちがうのは、私のことを親の前で悪く言わなかったことだ。乾先生も、昨日あったこと、今日あったことをありのままに話したかったはずだ。それが喉元まで出てきていたはずだ。でも、それをぐっと抑えて、母親には私のいいところを話した。いいところを強調してくれた。そのことだけでも、親からの暴力がないという安心感を私は得たのだが、でも、最も救われたのは母親ではなかったか。「あんたみたいな子を、やさしいと言うてくれはった」とつぶやきながらミシンを踏んでいた。

折れるしかなかった私

乾先生は執拗に私を民族学級に誘った。終わりの学活が終わるとすぐ、座席に、教室に、さらには正門まで追いかけてきた。そんな誘いをいかにかわして帰るのかが私の日課ならぬ週課になっていた。うまく巻いたと思い、安心して通りをまがって家に帰ると、自宅前で私を待っていた。「なんであんたここにおるの？」と苛立ちながら、乾先生は私をまた学校まで引っぱっていく。生徒もエネルギーが絶大ならば、乾先生のエネルギーはそれを超えるものだった。引っぱられていく道中、私は大声で「助けて」と叫ぶ。地域の人々の目が集まる。それでも乾先生は動じることなく、学校に連れ戻した。

私が民族学級に行くことになった理由を一言で表すならば「根気負け」だ。それ以上の表現はない。そこまで言うのだったらと、私が折れるしかなかったのだ。

ところが、行けば行ったで、それはそれで楽しかった。民族学級で聞く民族講師の話も楽しかった。歴史の話は大河ドラマを見るようでわくわくした。なにより食べものがあった。活動後に学校前のお店からたこ焼きを、中華屋さんで焼きめしをごちそうしてもらった。

当時、民族講師への謝金制度はなく、年に何回か保護者会や教員有志から寸志が出るぐらいだった。だから、出費はつらかっただろう。でも、私たち生徒にしてみれば、なにか食べられるというのは民族学級に通う強い動機になった。

これは私が成人になってから乾先生から聞いたことだが、あの頃、学校内では批判をたくさん受けていたそうだ。乾先生のやり方は強引すぎる、あれは人権侵害だと指摘されたそうだ。たしかに、一見すると、生徒の意向を無視して半ば力づくだったから、あれはやりすぎだという批判はありうる。また、家庭訪問しておいて、言うべきことを言わずに、お茶を濁して帰ってくるようにも見えただろう。

しかし、単刀直入に言えば、私はその乾先生のエネルギーと手法に救われたのだ。乾先生も葛藤していただろう。でも、生徒にも親にもそうせざるを得ない理由があるという背景を知った先生が、ほんとうの「しんどさ」とは何かということに向き合うことが大事なのだと自身に言い聞かせてとった行動だったと私は思う。

子どもの「荒れ」と教師の葛藤

乾先生が生野中学校に赴任した直後、そこで目の当たりにした生徒たちの荒れ方のひどさに愕然としたという。しかし、2年目に担任を持ち、地域をまわり、家庭訪問を繰り返すなかで、その荒れの意味を察したと当時を振り返った。

あの乾先生のやり方でなければ、民族学級に行くことは絶対になかったたし、母親の安堵する姿をみて安心したり、乾先生に見守られているという感覚も絶対に芽生えなかった。なにがあっても先生は味方になってくれるという信頼が芽生えたことが民族学級に行く動機にもなった。「韓国朝鮮」から私は逃げたかった。貧しさも、差別されることも、すべて自分が「朝鮮人だからだめなのだ」と思って生きてきた。そんな当事者に「民族学級に行く？　行かない？」と、あたかも本人に選択肢があるかのように、形式的に投げかけることにどれだけの意味があっただろう。私の答えは「民族学級には行かない」に決まっていた。何もなければ、それで終わっていたと思う。

被差別の立場に置かれている人々が自尊感情を回復させ、自己肯定感を培う直前に経験する葛藤や精神の揺れは、当事者にとって「痛み」を伴うものだ。それが多数者の側にはわかりづらい。自身が社会の中でどう扱われていて、どう生きれば危害が少なく身を守れるか。そうして自らを守るために、持っているエネルギーの大半を消耗しながら生きている当事者に、「する？　しない？」を単純に求め、その答えをもって当事者が選んだとすることは社会的暴力に近い。それは、選択肢はあなたに与えられていて、何を選ぶかはあなた自身で決めることができるかのように装っているだけだ。結果的に、多数者への迎合を暗に促すに等しい。私が「民族学級に行かない」

と反発していたのも、差別から逃避したかったからであり、何もなければ私にはその選択しかなかったのだから。

次は私が担う番

私は、乾先生のあの愛情ある強引さに救われたし、あの執拗さに根気負けして「学び」を受け入れた。あれがなければ、ほんとうに今の私はない。

これまで私は、子ども支援に携わる仕事をしてきた。子どもに携わることは、終わりのない作業だ。私は教育委員会や学校などと契約関係などがあったわけではない。しかし、支援を求めた子どもや親たちが、どこからか私のところへ相談にやってくる。

持ち込まれたケースは、かなり悪化した状態になっているものが多かった。詳しく聞き取りをすると、問題事象発生時の初期対応の失敗が親にも学校にもあり、「こんなにも深刻化する前に、もっとできたことがあったはず」と思うことが多かった。悪化した状態から携わる事案であり、忍耐強さとエネルギーがなければつとまらなかった。そんなときいつも私が自分自身に言い聞かせた言葉がある。それは「次は私が乾先生になる番」であった。

子どもたちが荒れるには、荒れるなりの理由がある。その理由となっている背景には家庭的要因があり、そのまた背景には社会的要因が含まれる。その答えにたどり着くまで粘り強く、時間をかけて聞き取り、向きあっていくことが求められた。乾先生は教員として子どもたちと向きあってくれた。私は教員ではないものの、多くの場合、学校教育に携わって子どもや親の課題と向きあっている。

学校という大事な場所で

多様な教育機会の確保につなげていく法律が制定され、学校教育ではない新たな公教育を志向しようという取り組みも見られる。その一方で、教育に競争を取り入れようとする動きも活発だ。テストの成績を競いあわせたり、新型コロナウイルス感染拡大により休校が続いても、一斉テストだけは機械的に実施されたりした。大阪では、２０２１年度のチャレンジテストが緊急事態宣言中の夏休み明けに実施されたが、大阪市の中学校だけでも夏休み明け直後からの休校が50校を超えていた。チャレンジテストは、高校入試における内申点に反映される。子ども・家庭に大きな負荷を強いているパンデミックという緊急事態においても、点数至上主義に立脚した競争原理の修正がきかない、極めて深刻な状況だったと思う。

学校の担うべき役割をそぎ落としたり、あるいは単純化したり、また教員がしんどい子らに寄り添うことを評価しない風潮も心配だ。学校にはまだまだできることがあるし、やるべきことがある。学校教育について誰もが一言を持つことはいい。誰もが学校教育を経験しているから、自らの経験値に照らし合わせて話せば、何らかの評論もできるだろう。しかし、学校は日々進化しており、数十年前のノスタルジーを頼りに語れるような単純なものではない。科学的な立証とともに、現場に真理を置く知恵や援助が求められている。

やみくもな学校・教育委員会批判を常習化し、現場を軽視する無責任な意見にもとづく政策や、政治による教育への介入はぜったいに許してならない。学校は子どもたちのものであり、地域のものであり、国家や権力に隷属するようなものではない。

そうした問題意識から、私の経験が教育の発展や子どもたちの学び・育ちの環境づくりに生かしたいと考えたことが本書執筆の理由である。学校が元気になる方法、子どもが大事にされ、教員がやりがいを感じられる学校教育のありかたについて、ともに悩み、ともに歩む立場で書きすすめていきたい。

第2章

出来事の背景を深くさぐって

保護者からの強烈なクレーム

一学期の終業式を終えた学校。全児童集会を終えて各学級でホームルームが開かれ、子どもたちはクラス担任から成績表を受け取る。学習に成果をあげた子、あげられなかった子、それぞれの思いが交差する。夏休み中の注意事項や宿題、7月中は自主学習教室が開かれるなどの説明を受けて、子どもたちは10時半には下校した。子どもたちにとってウキウキの夏休みの始まりだ。

その日、私は研修会の打ち合わせのため、たまたまその小学校に来ていた。訪問したのは昼過ぎのこと、校長室で先生たちを待っていると、なんとなく学校内が慌ただしく、緊張感が漂っていることがわかった。校長先生に「なにかありましたか」と問うたところ、校長先生は困り顔で、「保護者が来られていて、学年団がいま対応している」とだけ説明された。その時点では、校長先生もまだ詳しい事情はつかめずにいたようだ。なにか問題が生じて保護者が学校に話し合いに来ていること、昼前に来てからもうかれこれ1時間以上経過していること。対話が長引いているところから、保護者はよほど怒っていて、なにか要求しているということは想像できた。ただ、学校の風景でこうした保護者との話し合いは決して珍しいことではないので、それには気にかけず私の役割をこなすべく待機し、やがて打ち合わせに入った。

打ち合わせが終わって３時過ぎ。私が再び職員室を訪ねると、教頭先生から「保護者がまだおられて、今は校長先生も話し合いに入っている」と聞いた。保護者が何を主張しているのか尋ねると、「成績を書き換えてほしいと主張している。とりわけ体育の成績に不満がある」とのことだった。小学校６年生の息子さんの体育の成績がどうしてこんなに低いのかというクレームだった。保護者の言い分はこうだ。フィギュアスケートクラブに所属するなど、スポーツに力を入れて子育てしてきたのだから、体育の成績がこんなに低いはずがない。学校はいったい息子の何を見て、このような評価をつけたのかと迫っているのだという。

ようやく私にも事情が見えてきた。すでにその時点で４時間が経っていた。「えらくパワフルな親ですね」と言うと、「それはそうですが、でも度が過ぎています」と、教頭先生は頭を抱えた。

言うまでもないことだが、スポーツ万能であることと体育の成績とは直結するわけでない。少なくとも体育の授業にフィギュアスケートの単元はないし、保護者からクレームがあったからと言って、成績表を書き換えるわけにもいかない。また、話し合いの過程で見せた保護者の態度は威圧的で、まだ若い担任に対する主張は不当な要求とも言えた。学校は毅然たる態度で臨みつつも、複数の先生がしっかり向き合って、どんなやりとりがあっても、保護者の気持ちに耳を傾けるという姿勢で最後まで対応していた。途中経過を聞きながら、先生たちの誠意が保護者にうまく伝わればいいのだが、と思いつつ、私ももう少し様子を見守ろうと思った。

最初は言葉遣いも丁寧だった保護者の態度はだんだんと変わり、学校側が絶対に悪いと主張し、先生たちへの人身攻撃が始まった。当初は担任のみが対応していたが、尋常ならざる状況を察知し学年団が加わり、最後は校長先生も入って話し合いを続けた。話し合いは平行線のままだった。ただ、半ば根気負けするように、4時前にようやく話し合いは終わった。

事態の整理と今後の対応

保護者を複数の先生が玄関先まで送り出したあと、教員たち数名が校長室に集まった。そこに私も加えてもらい、事態の整理と今後の対応について話し合った。

改めて様子を聞くと、保護者は「自分たちもこんな交渉をしたくない。でも学校の対応がなっていない」と繰り返し、「このままでは子どもを安心して通わせられない。そうなれば、すべての責任は学校にある」と強調したという。終始その態度は変わらず、怒鳴りながら帰って行ったという。担任は憔悴し、職員室で泣き崩れた。校長は「このことで若い担任がつぶれてしまわないように、ケアが必要だ」と心配を口にした。

たまたまそうしたタイミングにこの小学校にいて、つぶさにその状況を把握できたことは、依頼されていたこの学校での教職員研修を考えるうえで、とても重要であった。直接対応にあたった先生たちは、ほとほと疲れていた。事態をどのように収拾するか、2学期からこの家庭とどう関係を結べばいいか、ため息をついた。校長先生は、長い教員生活の中では、こうしたことも経験するものだと大きく構え、どのような出来事もすべて子どもを中心に考えようと教員たちを励ましていた。

私は、先生たちをねぎらいながら、以下のような所見について聞いてもらった。

〈まず、学校の成績を書き換えろという主張は受け入れられないことを前提にしながら、一方で、小学校の成績、それも特定の成績に執拗なこだわりを見せている点について考えたい。当事者である子どもが1学期を振り返り、その成績を悔しがるならば教育的であるが、保護者が熱をあげて「書き換えろ」と迫ってくることは極めて異常だ。雑な言い方をすれば、体育の成績が3か4か、4か5かなど、人生の中ではたいした問題でないはずで、この程度の問題で保護者が数時間にわたり、声をあらげて要求してくるのには、なにか別の背景や意図、あるいは保護者にとって何か苦い経験が作用しているのではないかと考えられること。

この家庭について、十分な情報があるわけではないが、この出来事を契機に、「不当な要求をしてくる家庭」という評価を学校が固めてしまうと、今後の関係づくりの選択肢を逆に狭めてしまいかねない。小学校との間でこれ以上のことが起こらなかったとしても、中学進学後に同様のこと、もしくはさらにエスカレートしたかたちで問題を表出させ、結果的にこの家庭の子どもの生育にマイナスをもたらす可能性も危惧されること。いくら保護者が「トンデモ」な親であったとしても、子どもの危機が予測される以上、この問題を契機にして、なんとかうまく関係を改善し、そのための支援策を探してみてはどうだろう。〉と。

先生たちは一様に暗い顔をしていた。まさに、言っていることはわかるが、果たしてどうしたらいいか、ほんとうにそれができるのかという迷いの表情だった。保護者との面談の直後だから、タイミング的には少し無理があったとは思いつつも、いつも私が学校に来られるわけでもないので、検討課題にしておいてほしいと投げかけた。

先生たちの目の前で起こった出来事がいくら強烈なものであったとしても、その背景や要因に着目することは、その後の取り組みを考えるうえでは避けては通れない。表出した出来事の評価を正しく行い、対応に幅を持たせながら、担任まかせ、学年まかせにせず、チームとして学校が対応していくことは、どのケースにおいても求められる態勢だ。

さらに、権力型の不当な要求でもない限り、家庭と学校との関係では、学校のほうがそもそも強い。守られている。相対的により弱い立場にある家庭が引き起こす問題をともに解決する姿勢で臨んだほうが、学校にとっても、当事者にとっても、救いになる。そのためにも問題事象の背景を探ることだ。当事者が何に強い執着を見せているのか、その手がかりが得られれば、効果的な支援策を探し出すことはできる。支援側の消耗度も最小化できる。

私は、かつて経験した親対応の事例をあげながら、まずは先生たちが見たこと、聞いたことを教職員全体でしっかり共有をはかってほしいと提案した。当該家庭の生活状況や、親子関係、親の考え方などをもとに、どのようなことにこだわりが強く、どう言われたときに喜んだのか。何を忌避する傾向があるのかを探ってほしいと呼びかけた。そして、可能ならば、そこに専門的な視点を組み込み、すぐにすべきことと、中長期的な視野で取り組むことの両方を検討してほしいと付け加えた。

また、少し時間が経ったのちに、もう一度保護者とじっくり話して、気持ちを聞き返してみること、学校の考えを伝えることも重要だ。それらを経て把握できたことは、進学先の中学校にも提供し、連携を深める必要がある。

その背景にあるもの

私が思うのは、先日保護者が学校で見せた態度、つまり「不当な要求」は、保護者自身の劣等感の裏返しであり、むしろ「強がっている」「虚勢を張っている」と見てもいいのではないか。何がしかの強烈な生育過程での失敗の経験が、他者への攻撃性や威圧的な態度の要因になっている可能性がある。言わば、社会的に見てもさほど重大ではない事柄に固執し、自らがどう見られるかを考慮せず、一方的な行動をとるのは、歪んだ承認欲求の表れや、単純に「馬鹿にされたくない」という強迫観念から来ているのではないか。もうこれ以上傷つきたくないという、過剰な防衛本能が働いているのかもしれない。つまり、この保護者自身がケアを必要とする存在なのではないかと考えるのである。

もしかしたら、過去にもこのやり方で要求を実現できたという成功体験を持っているのかもしれない。そうであればあるほど、それが生きる術になってしまう。その場その場で断片的に成果をあげたとしても、逆に社会的に排除される危険性を常に孕んでもいる。保護者の行動様式が親子関係を歪めてしまい、子どもの人権を抑圧する作用となって表れるかもしれない。学校はそこに着目して見守ってほしいと呼びかけた。

学校がこの家庭にできることは少ないかもしれないが、在籍している間は、この家庭を守る姿勢で臨んでほしい。家庭が抱えている社会との緊張関係に支援を加えることで、なにか変化の兆しをつかめるかもしれない。少なくとも、中学校ではこの家庭との新しい日々が始まるわけで、小学校としてできること、引き継げることを、できるだけ多く提供してあげてほしいとお願いした。

こうした私の見立てをもとに教職員研修の内容を構成し、先生たちに考えてもらった。ここで強調したのは、問題事象の背景を分析することの大切さであり、今回の出来事を通して先生たちが教訓化し、教育スキル向上に役立てることだった。先生たちがどう受け止めたかはわからない。でも、学校で生起した表象にだけ目をやり、その背景にある本質への関心が薄ければ、問題事象への取り組みはいたちごっこに終わってしまう。問題事象は場面や対象を変えながら繰り返されていく。現場が過去の経験をもとに、効果的な関与法を培えば、先生たちのストレス軽減や学校の機能強化にもつながる。その視点に立って、起こったできごとを検討してほしかった。

校長先生が「どのような出来事もすべて子どもの成長につなげていく。そのために原則を忘れずにがんばろう」と先生たちを励ましたことは、私の問題意識とも重なる。学校で起きるすべての出来事を子どもの学び、育ちの環境づくりにつなげていくための良質のコーディネート技術を教員が持てるならば、とても素晴らしいことだ。教員たちの力、学校としての総力、それを支える教育行政の役割が求められている。

フィリピン出身生徒への「差別事象」

ある中学校の先生が私を訪ねてこられた。校内研修に来てほしいという依頼だ。もちろん、役に立つのであるならばお受けすると返事をした。そのうえで、研修会を実施するにいたった経緯についてお尋ねした。すると、２か月ほど前に学校内で差別事象が発生したのだという。２年生のクラスで、ある女子生徒がフィリピン出身の生徒に「お前なんか、フィリピン帰れ」と暴言を吐いたという。その指導と対処の中で企画された校内研修会だった。

学校内で問題事象が発生し、その処理の中で教員研修会の講師として私が呼ばれることは少なくなかった。さらに詳しく事情を知るために、私は学校訪問を希望した。

数日後、学校訪問の機会を得て、先生たちと向きあった。学校長、人権教育部会、担任団との会合だ。学校は私に詳しい経過を聞かせてくれた。同じクラスの女子生徒がフィリピン出身の生徒に対して差別発言をした。学校としては看過できない差別事象と捉え、当事者への聞き取り、そのときに同じ場所にいた生徒たちの受け止め、家庭訪問、人権教育部会での分析、教職員全体の情報共有など、学校ができるあらゆる取り組みをすすめていた。その最後にあたるのが、私を講師に招いての研修会であった。

私の目から見ても、先生たちが重く受け止めておられるのがわかった。発生後の初期対応もけっして悪くはなかった。ただ、いくつか気になることがあったので質問し、そして次のように指摘した。

まず、差別発言を受けた生徒について。先生たちは、被害に遭ったフィリピン出身の生徒が、クラスの中でもトラブルが多く、以前から他の生徒との衝突が頻繁にあったと説明した。なんとか生徒を落ち着かせようと、家庭との連携を模索するが、うまくいっていない。今回の発言は、その延長線上で生起したこと。ただ、生徒は自らが差別を受けたという自覚がなかったと話された。そもそも小学校高学年で日本に来て、かろうじて生活に必要な日本語ができる程度の生徒には、差別発言の意味をすぐには理解できなかった。もちろん、授業についていける程度の日本語能力も備わっておらず、学力は低く、今後の進路が心配だと話された。

私は、家庭環境についても聞いてみた。家族は、母と生徒、そして姉の三人。母親は夜間の飲食店で接客の仕事に就き、夜間は姉とこの生徒だけで過ごしている。家庭が安定していなくて、母親は子どもたちに関心を見せず、面談の約束にも来なかったりする。電話連絡もなかなか難しく、先生たちはどのように家庭と連携したらいいかわからないと嘆いた。

学校長が付け加えて話した。生徒の姉の中学校在籍時代も知っているが、その間に母親は結婚、離婚、再婚、離婚を繰り返していて、生徒たちは母親の愛情に飢えている。それが生徒の情緒不安の要因になっていると語った。

「在留資格」を理解しているか

先生たちの話から、子育てに無関心で、夜の街を自由に生きて、次から次へ男を変える、そんな問題の多い母親のもとで育てば、子どもも荒れるだろう。私の耳にはそう聞こえた。それが事実ならば、まったくその通りだろうなと思う。

しかし、私はすぐにピンと来た。まずは在留資格のことだ。調べてもらったが、母親の在留資格は「日本人の配偶者」。彼女が日本にいられる根拠は、日本人との婚姻関係が成立している点のみだ。それが偽装であれ、ほんとうの婚姻関係であれ、日本での生活を続けようと思えば、誰かの「配偶者」であり続けなければならない。学校はそうした外国人、あるいは外国人女性特有の事情について把握していなかった。母親の生活は自宅とお店の行き来だけ。私が想像するに、歓楽街で出会った男性との関係をかろうじて維持させながら、日本での生活をほそぼそと続けているのだろう。私には、母親の苦悩が若干なりとも見えた。

子どもたちは母親の在留資格の範囲で日本に滞在できる。案の定、豊かな国日本で家族の再生を図ろうとフィリピンから呼び寄せられた娘と息子だった。この母親が、子どもへの関心がない、自由奔放に生きていると批判されるよりも、困難な状況の中で、孤独の中でもがんばっているそのことこそ、むしろ労われるべきだと私は思った。

あるいは先生たちのなかに、夜の街でホステスをしている母親への偏見があったかもしれない。母子家庭の母親の就労が、全国的に見ても非正規中心であることを考慮すれば、歓楽街で働いているという事実は構造的なものである。偏見をもって軽んじられていいはずがない。

私は、ケース対応で出会ってきた歓楽街で働く外国人女性たちの言葉を一つひとつ思い出して、先生たちに話した。異口同音に話されたのは「仕事を終えて帰ってきても眠れない」ということだった。一晩中音楽がガンガン流れる店で過ごし、売り上げを出すためにアルコールをあびるほど飲む。心身の高揚を落ち着けるまでは眠れないと話した。夜中に帰宅しても、ようやく眠りにつけるのは、空が白みだしてから。多くが睡眠薬に頼っていた。夜の街に携わり生計を成り立たせている人々は、心身を壊しやすいのだ。そこへの理解が乏しい中で、生徒の遅刻や欠席の責任を、母親が子どもに関心がないからだと学校は語っているのだ。

先生たちに、姉の在籍当時も含めて、この母親と通訳を入れて、またはやさしい日本語で、時間をかけてじっくり話したことがあったかと問うた。通り一遍の学校が求めることを伝えるだけ、場合によっては、お母さんに「しっかりしてほしい」と迫ることに終始していなかっただろうか。母親のしんどさに寄り添うことができていたか。先生たちは首を横に振った。

教室にはびこる力の支配を見抜く

私は、生徒たちへの聞き取りのなかで明らかになった、あるつぶやきについても問いを投げかけた。「フィリピンへ帰れ」と暴言を吐いた女子生徒が、聞き取りのなかで、「あの子が先に、私にエイリアンだと言った」と言い、それに続けて「ほかの子に言われるのはいい。でも、あの子にだけは言われたくなかった」とつぶやいたことだった。

先生たちに、女子生徒のこのつぶやきから何が見えるか考えてほしいと話した。私は、このつぶやきに引っかからなかったことが不思議だった。むしろ、ここにこそ先生方の課題、学校の分析力の弱さがあるのではないかと提起した。

中学2年生の女子生徒が、誰かから容姿をからかわれ、「エイリアン」などと言われて傷つかないはずがない。女子生徒は、そのからかいから身を守ろうと発言したのだ。ただ、女子生徒の言葉の選択に注目しないといけない。「アホ」や「バカ」「ボケ」ではなく、外国につながる生徒にもっとダメージを与えられる言葉として、「国へ帰れ」という言葉を使っているのだ。その言葉を選んでいるということは、おそらく彼女自身がどこかで見たり聞いたりして、それが効果的であることを学んでいたからだろう。

女子生徒への容姿からかい発言も、フィリピン出身の生徒への「国へ帰れ」発言も、双方が傷つけ合いながら人権侵害発言を行い、それをクラスメートが見ているという構図だ。クラス全体に与えた影響にも、クラスからこの二人が受けている影響の大きさにも、私は注目しないではいられなかった。

「ほかの子に言われるのはいい。でも、あの子にだけは言われたくなかった」という女子生徒の言葉から明らかになるのは、なによりもこの女子生徒をめぐるクラス内の人間関係である。何度も言うが、容姿をからかわれて、「エイリアン」などと言われていいはずなど絶対にない。女子生徒はどれほど苦しかっただろうか。でも、彼女は「ほかの子に言われるのはいい」と話したのだ。

「そんなはずはないでしょう」と、半ば私も腹立たしくなって、語気を強めた。クラスのなかに広がっている力の強弱による序列関係から、すでに女子生徒はクラスの低位に位置づけられているこどが見えてくる。それは、もはや抵抗できないぐらい決定的なものとなっている。一方、女子生徒の目から見て、自分よりもさらに低位に位置づいているのがフィリピン出身の生徒だ。この生徒からの挑発に抵抗できないとなると、瞬く間にその序列すら逆転されてしまう危険性を感じている。彼女は、その恐怖に駆り立てられるようにして、自らを守るように差別発言を行ったのだ。

学校側は、女子生徒の家庭訪問を終えていた。保護者にも女子生徒が差別発言をしたことを伝え、ご家庭でも一度話し合ってほしいとお願いしたという。それは、教科書通りの対応だと思うし、けっしてまちがってはいないと思う。しかし、家庭はどう受け止めただろうか。あるいは、女子生徒はどんな気持ちであったのか。そこへの想像力が欠けていないかと指摘した。

「私が親なら、きっと反発するだろう」と、先生たちに話した。自分の娘が差別発言をしたと指摘されることへの反感もさることながら、「娘も言われている」という事実については、先生たち、いったいどうなんだと思うだろう。なによりも、女子生徒にとって学校が心許せる楽しい場所であったのか。きっとそうではなかったと思う。

自分の人権が蔑ろにされ、厳然たる序列低位に位置づけられるなかで、彼女は学校生活を送ってきたわけだ。しんどくなかったはずがない。苦しくなかったはずがない。そのなかで自分を守ろうとして吐いた言葉が問題視されたわけだ。女子生徒にしてみれば、絶望を感じたかもしれない。いや、女子生徒が自らを守る手段として用いたのが、ほかでもない「差別」であったことを、教育に携わる私たちがどう受け止めるべきか。重大な問題だと言える。私は、問題事象の本質を見る力の弱さが、学校のなかに新しい分断を生み出す危険性をはらんでいるという認識を先生たちは持ってほしい、と求めた。

教科書通りにはいかない

問題事象発生時の対処法を教科書通りにすすめても、ほんとうの意味での解決にはつながらない。何を検証し、どこに課題があったのかという分析ができなければ、その時点での問題事象はなんとか抑え込めたとしても、また違う内容や形式で問題は起こり続けるだろう。

しかし、この学校は考える絶好の機会を得たとも言える。当該の生徒二人、その事象発生時に見ていた周辺の生徒たち、また、問題事象が生み出される構造への対処など、今回の出来事から見えて来た課題はとても多い。それは、学校が変わるには絶好の機会でもある。捉えなおしの作業を続けるなかで、子どもを、クラスを、学校全体を再評価するきっかけとしてほしい。

その後の教職員研修では、人権侵害事象の発生を学校の不祥事だと捉えないでほしいと呼びかけた。集団生活のなかでは、子どもどうしのトラブル、いじめ、差別はどうしても起こる。それは、潜在化し見えてこなければいいというものではなく、むしろ顕在化したことで課題が浮き彫りになり、対処できるようになると、積極的に捉えることも必要だ。

言わば、問題事象は先生たちへの大きな挑戦状だと受け止めてほしい。学校で生起する問題事象について、私の好きな野球で例えると、バッターボックスに立つ先生方に向かって、子どもという投手がワインドアップでボールを投げ込む。それはど真ん中のストレートだ。まさに力試しに投げ込むど真ん中のストレートを、よもや先生たちは打ち返すこともせず、見送り三振で、やすやすとベンチに下がるわけではないでしょうね？

生起した出来事が深刻であっても、そのことを乗り越える過程で、子どもは学び、自らの成長に変化させる力を持っている。いや、そうなるように人権の視点で導く役割を担うのが、先生たちの仕事だ。

今回のケースで言えば、当該の二人の子どもたちにとって学校がどんな場所であったか、いや、学校にとって二人はどんな存在か、どのようにして安全な居場所を学校は二人に提供できるのか。そのことを先生たちは反省も含めて話し合い、目標を設定しなければならない。加えて、力の強弱による序列関係を温存しつづける学校の環境も改善しなければならない。まだまだ下位に位置づけられている生徒たちはいるわけであり、歪んだ序列をどう打破していくのかは喫緊の課題だろう。

子どもたちの社会にはびこる序列関係に、大人が介在していることが多い。ある中学校では、在籍生徒のいじめ加害、被害の関係性が、実は親の代から引き継がれてきたものであることがわかった。同じ学区に親の代から暮らし、その際に形成された抑圧する、される関係がそのまま次世代に継承されていた深刻な事例だった。

子どもたちの関係性における序列に、大人がなんらかのかたちで影響を与えているとすれば、いっそ大人が介在して固定化する序列を流動化し、いつも特定の子が優位で、いつも特定の子が劣位に立たされるような関係性に変化の波をもたらさなければならない。このことはあらためて後半で触れたい。

子どもが抱えるほんとうのしんどさと向き合わず、その背景に迫っていないことが最も大きな課題なのだ。問題事象を表象で捉え、問題発言、暴力行為、破壊行為をいかに反省させるのかを迫るだけでは、ほんとうの意味での問題解決にはいたらない。どうしてこのような行為にいたったのかを当事者から聞き出し、そこから見える子どものしんどさを共に解決していく知識とスキルが求められている。問題事象は、必ずなにかの原因があって起こっているわけで、その原因である苦しみの軽減や解決にむけて最も効果的な支援方法を見つけてあげるのが、事象対応の基本である。学校教育をめぐる最近の傾向のなかで危惧されるのは、子どもの背景に迫る力が弱くなっていることだ。ほんとうにそれが心配である。

学校の冷淡が身に染みたとき

相談にのってあげてほしいと知人からもらった電話の向こうに、ある母親の声があった。生気がなく、力のないためいきが耳に届いた。

この母親は在日三世。小学校の卒業を間近に控えた娘が、学校のクラスメートから「韓国に帰れ」と言われていたことを告げたのだという。その出来事があったのは、二か月近く前。ふだんは明るい娘だが、そのつらさを抱えたまま、数週間をひとりで過ごしてきたと思うと、親としての申し訳なさで胸が詰まったと語った。

一方、こんなことも話した。娘のことを理解してもらいたいと、これまで何度も担任とかけあい、ときに授業中に時間をもらって朝鮮半島の伝統楽器・チャンゴを自ら披露したり、クラスメートたちの前で華やかな民族衣装に身を包んで、国際理解学習のお手伝いもしてきた。そのことを振り返りながら、親として、在日としてできる最大の努力が、「結局何の意味も持っていなかったんです」と落胆し、いま、無力感に苛まれていると付け加えた。

彼女の娘がその発言をあびせかけられたのは12月初旬のこと。娘はすぐには家で話さなかった。おそらく親に心配をかけてはいけないと考えたのだろう。母へのけなげな気遣いだった。時期が過ぎ、はじめて娘は出来事の詳細について語った。そのときの気持ちを「悔しかった」とつぶやいたという。母子二人の家庭。ひとり親でも、明るく賢い人になってほしいと懸命に子育てを続けてきた。そして、それに応えるように凛とした子に育ってくれたと話した。だからなおさら、学校には在日である娘のことをしっかり受け止めてほしかったし、さみしい思いをさせてほしくなかった。家族がめざす幸せの一片に、娘自身にも、そしてそのまわりにも、在日であることを肯定的に受け止めてほしいという思いを込めていた。

出来事について母に打ち明けるうちに、娘は大粒の涙を流し、「日本人になりたい」と嗚咽したという。娘がようやく口にしたつらい体験を聞き、母親は胸が切り裂かれるような大きなショックを受けた。母親もまた、誰かにその思いを聞いてほしくて、知人を通して私とつながった。

後日、私の事務所に来てもらった。面談中、母親は娘の姿を思い出しながら指先で目頭を何度も拭った。そして「私の何が悪かったのでしょうか」と、自分を責めるように語った。

聞き取りのあと、私は急ぎ教育委員会に連絡していいかと聞いた。すると、母親は娘からは絶対にどこにも言わないでと、クギを刺されていると言う。もはや誰も信じられないとの思いからなのだろう。ただ、このまま何もせずには終わりたくとも語り、子どもへの直接の聞き取りを自制してもらうこととして、すでにわかっている事実だけをもとに、卒業までの間に何ができるか、教育委員会や学校と私とで相談していいかと聞き返した。母親は娘には内緒にしてもらえるならば、それを望みたいと話された。

さっそく教育委員会とこのことを共有した。娘さんの気持ちをふまえて、できるだけ慎重に、それでも、卒業までの短い期間にできることを模索したいと、教育委員会と学校に申し出た。

教育委員会はそうした思いを共有してくれて、ともに取り組むことを了解してくれた。ただ、学校側は少しちがった。事象の生起が一か月以上も前のことであり、当事者の子どもからの聞き取りもできないとなれば、いったいどうしたらいいのかと、不満気であったらしい。教育委員会と学校とがやりとりを始めたとき、学校は「あのご家庭からはよく要望を聞いています」と語り、注文が多い家庭だとでも言わんばかりの反応だったようだ。少なくとも、学校でつらさを抱えさせられた子どもが、それを誰にも言わないでと懇願していることへの理解はまったく示されなかった。子どもを見守る機関としての責任や自覚を欠く感性の鈍さを感じずにはいられなかった。

私は、教育委員会の担当者に同行してもらい学校を訪ねた。学校長は、その年度末で定年退職を迎えるという。それが関係しているのか、その後も何度か学校を訪ねたが、卒業前で時間的に難しい、いまからなにができるかと、まるで他人事のように話す姿にあきれかえった。教育委員会の担当者も、「校長先生の学校で差別事象が起こったわけです。それを言った子、聞いた子、傷ついた子たちがいるのに、このまま何もせずに、中学校に送り出すつもりですか」と学校長に迫り、残された時間がわずかでもできることはあるはずだと説得を試みてくれた。しかし、担任が準備しているので、それを待ってみたいと答えるにとどまった。退職間際でやる気がないというよりは、教員としての資質に欠ける人だったのだと思う。おそらく教諭時代も子どものしんどさと向き合った経験がなく、たまたま管理職試験に合格し校長となり、退職までの時間を数えるだけという状況だったのだろう。そうだとしても、私は怒りを抑えることが苦しかった。「校長先生ね、校長先生のお孫さんが同じ立場だったら、じっとしていられますか?」。教員としての感性が鈍くてそこに反応がないのならば、この差別があなたの身内に向けられたものであったらどうかと想像力を掻き立てるように迫ったが、変化はなかった。「だって私は在日じゃないから」とでも心のなかでつぶやいているのではないかと疑いたくなるぐらい、反応は鈍かった。

最後は、半ばお願いするように、まだ若いクラス担任の心に響くように、子どもの声に耳を傾けること、子どもの側に立ってあげること、これからも起こりうる問題事象と向きあうことの大切さを説いてあげてほしいとお願いした。

「子ども派」であること

この出来事は私の人生にとっても、これまでの学校教育との向き合いのなかでも、最悪と言えるほど無力感を味わったケースだった。それでも、進学先の中学校が、差別で心が傷ついた新入生への支援を申し出てくれたことが救いだった。区単位の民族文化交流会にも連れて行ってあげたい、地域の民族学級講師らを学校のゲストスピーカーに呼んであげたいと申し出てくれた。そんなやりとりを聞いた母親の少しほころんだ表情が忘れられない。しかし、教育支援者としてかかわって心から申し訳ないと思った瞬間であった。

学校は、学校長が「子ども派」か否かによって大きく左右される。私以外に使う人がいるのかどうかわからないが、「子ども派」という言葉を、「子どもの最善の利益を優先」できる人という意味で使う。なかなかいい言葉だと思っているが、紹介した校長は「子ども派」からはほど遠い人物であった。

教員のなかで管理職を希望する人が減っている。大阪の場合、行財政再建を理由に教職員の人件費削減の時期がしばらく続いた。教諭よりも管理職の削減幅のほうが大きく、月々の給与、退職金にも大きく反映された。削減前と削減後では生涯賃金に数百万円の差が生じた。さらに、学校内の事務、教育委員会からの事務量が増え、それを一手に引き受ける教頭の姿を見て、「とてもではないが、自分にはできない」と管理職を忌避する先生たちが増えている。

大阪ではこれまで、同和教育や民族教育、障害児教育の実践を積んできた人が管理職に押される傾向があった。いわば、「子ども派」を育成し、その人材を管理職に送り出す機能が一定働いていたと言える。しかし、受験者が急減するなかで、もはや人材を選べないという現象が起こり、管理職の質の低下が顕著になってきている。

私が出席したある学校でのいじめ対策会議での出来事を思い出す。私が知る経過と、学校が知る経過とを突き合わせると、事実関係の把握に違いがあった。そうしたことはありうることで、そこから互いに情報を共有し、より正しい理解を深めればいい。そうした姿勢で私は臨み、保護者からの聞き取り内容をもとに、学校側への提案や要請へと話しを続けた。ところが、何にどう反応したのかわからないが、教頭が態度を急変させ、半ば興奮気味に「私がいじめに加担したとでもいうのですか」と何ら脈略のない、前後の話の流れに関係のない発言をし、会議の雰囲気を一瞬に凍らせた。その場に同席していた教育委員会の担当者も驚いて、会議を中断して教頭に厳重注意するという一幕があった。のちに聞けば、市教委にとっても以前から要注意対象の教頭だったという。私は市教委に「わかっていたなら、いっそ教頭から外さないとだめでしょ」と指摘したが、いまは教頭が不足していると嘆いた。

「子ども派」のキャリアを持って管理職になろうと努力する人はかつていたし、いまもいらっしゃる。しかし、そうした努力が必ずしも生かされる状況でもなくなっている。ひと頃と比べ採用数は減ったものの、民間からの公募校長が導入され、学校現場にすら経済指標をものさしにした成果軸や効率化が持ち込まれている。子を傷つけられた親の涙の意味を説き、丁寧に教員を指導できる校長よりも、学力テストの順位や英語力の向上などで目に見える成果を上げることに懸命になる校長が、政治的には評価されやすい風潮がある。

教員が子どもに寄り添うことや、豊かな感性や誰も排除しない仲間づくりを育むこと。そうした教育支援は点数化できないからと軽視するなかで、学校教育の生命力が失われないかと心配だ。学校が「子ども派」教員を生み出さなくなったら、もはや学校でなくなるように思う。

一方、時代の変化に合わせるように、教員もまた人間関係の希薄さを抱えて現場で仕事をしている。格差社会の深化により経済格差が顕著となり、貧困や家族離散、虐待リスク、将来への不安感を抱える子どもたちの存在は、どこの学校現場においても重要な課題となっている。そうした課題を解決するには、粘り強い人との向き合いが欠かせない。社会全体にはびこり、教員自身もけっして無縁ではない人間関係の希薄さが、今後の学校教育の総力づくりにどのような影響を与えることになるのか、注視しなければならない。

第3章

生野コリアタウン体験学習

おもしろいこと、やりましょうか

1995年の秋、その頃民族教育促進協議会の専従職員をしていた私を訪ねて、大阪府立八尾北高校の田口先生がやってきた。以前から面識のある方だったが、予告もなくふらりと事務所に立ち寄られたのだった。せっかく来られたので、とコーヒーを飲みながら、おしゃべりをした。田口先生は、少し悩んでいた。どうしたのかと聞けば、校外学習の時間を活用して、2月に大阪生野コリアタウンでプログラムを実施したいが、アイデアがなくて困っているという。また、ある生徒が口にした言葉がひっかかり、そのヒントを探そうとここに立ち寄ったとも語った。

田口先生に意見したのは在日の生徒。大阪府内でも在日コリアンの多い東大阪市に暮らし、小・中学校時代に民族学級を体験していた。民族学級とは、公立学校に学ぶコリアにつながる子どもたちが、民族の言葉や歴史について学ぶ課外学級だ。生徒はそこでの学習活動が楽しかったと振り返りつつ、学校の授業で取り上げられる在日問題は、いつも差別問題が中心で、それを聞いていると、だんだんしんどくなってくる。民族文化にはもっと楽しいものがあるし、それをもっとみんなに知ってほしいと語ったと教えてくれた。

その話を聞きながら、私は「めっちゃわかる」と呼応した。つまり、差別されるという固定的な位置があって、そこから自分を認識させられることへのしんどさだ。生徒の気持ちは私自身の過去を振り返っても共感できた。田口先生は、「やはりそうですか？」と目を丸くしながら聞き返した。いくつか言葉のやりとりをしたうえで、「いっちょう面白いことをやりましょうか」と、田口先生の問いを、その生徒の気持ちを、私は引き受けることにした。

生野コリアタウン体験学習のはじまり

当時でも、人権や差別問題について知るというテーマで、コリアタウンをはじめとした生野区の在日コリアン集住地域をフィールドワークする研修会が年間に何度かあって、私もよく講師を務めていた。もっぱら大人相手の取り組みが多く、ほぼ唯一、生徒が対象だったのは八尾北高校の取り組みであった。八尾北高校は、八尾市内の部落解放をめざす住民運動から立ち上がった地元密着型の高校として出発した。他校に比べても、反差別学習を学校教育の柱に据え、被差別部落出身の生徒、在日コリアンの生徒、生活にしんどさを抱える生徒たちを多く引き受けてきた。現在は、渡日生徒の特別枠を設けた学校として、教育課程のなかに日本語教育や母語支援などを盛り込み、多文化共生教育を牽引する学校のひとつとなっている。

当時は、毎年１年生が在日コリアンの集住地区である旧猪飼野地域を訪問し、体験学習に取り組んでいたと思う。田口先生が訪ねてきたその学年の三学期、つまり1996年の年始から新しい体験学習を実施するべく準備が進められた。

前年の秋頃から始まった準備のために、担当教員らが事務所にやってきた。教員たちは全員、オートバイにつなぎという姿で集結した。よほど学校の先生らしからぬ風貌で、私のいた民促協の事務所をまるで自分たちの事務所にように使いながら打ち合わせを重ねた。担当教員たちは私に「これまでとは何かちがう試み」をしたいと意欲を語った。私もぜひそうしようと応えた。田口先生のみならず、他の先生たちも在日生徒のつぶやきに心を揺り動かされていた。

その言葉に触発されるように企画されたのが「体験学習」だった。生野コリアタウンに隣接する大阪市立御幸森小学校の施設を借りて、ペンイ、チェギチャギ、ユンノリといった朝鮮半島の伝統遊び、チャンゴなどの伝統楽器、そしてハングル学習のコーナーを設け、生徒たちがそれらコーナーを自由に回っていく。終盤には、コリアタウンから韓国朝鮮の食材を調達し、昼食に代えて食べようというプログラムだった。この活動には、在日青年たちがたくさん関わり、生徒たちとともにいっしょに歓声をあげながら体験学習に取り組んだ。

その評価について詳しいことは覚えていないが、おおむね生徒たちの反応はよかったと思う。講師を務めた私たち自身も楽しかったと振り返り、打ち上げにも繰り出し、ああだこうだと語り合ったことが思い出される。

それ以来、八尾北高校は毎年、生野コリアタウンで体験学習に取り組んでいる。学年が変わっても、パワフルな先生たちが順番にやってきて、次から次へとアイデアが持ち込まれた記憶がある。地元で迎え入れの準備にあたった私としては、なかなか大変だったけれど、先生たちは、生徒たちにとにかくよくしてあげたい、感じさせたい、学ばせたい、そのためなら何でもするというバイタリティーにあふれていた。

ひろがる体験学習

この八尾北高校の取り組みが大阪府内にひろがり、小・中学校、高校の「総合学習」で取り組まれる目玉のひとつになっていった。２００２年から実施された学習指導要領に位置づけられた「総合学習」は、教科領域を超えた横断型の学習で、子どもたちの「生きる力」を育むことを目的に導入された。「総合学習」導入の新指導要領が発表され、試験実施が始まると、生野コリアタウン体験学習の依頼件数も増え、府内だけでなく、近隣府県からも訪れるようになった。また、旅行社ともつながり、修学旅行生たちを受け入れるコミュニティ・ビジネスとしても発展を遂げ、民促協等を経て組織改編し事業を継承したＮＰＯが誕生してからは、それを一手に引き受けた。もちろん、この際の準備手数料が事業収入の柱にもなった。

その後も生野コリアタウン体験学習は発展を続け、年間九千人から一万人の参加者を要する取り組みとなった。小・中学校、高校、大学、社会人までを対象にして、人権研修、生涯学習の場として、生野コリアタウンが学びの場として活用されていった。私たちはそれを「まちのがっこう」と呼んだ。ちょうどその時期に「韓流ブーム」が定着し、K・POPブームはゆるぎない大衆文化として日本社会に根を下ろした。生野コリアタウン自体も大阪を代表する観光スポットとして発展していった。生野コリアタウンは、大阪市生野区桃谷4丁目、5丁目に広がる商店街で、正式名称は御幸通商店街という。東西一本の商店街だが、西の端に御幸森天神宮が鎮座し、かつてはその参道商店街として栄えたという古い歴史を誇る。日本で最大の在日コリアン集住地域であったことから、戦後になって韓国朝鮮の食材店や雑貨店が進出し、現在につながる日本最大の「朝鮮市場」として発展した。この地域で生まれ育った私は、幼少期から母親や祖母につれられて「朝鮮市場」に買い物に来たものだ。私にとっては懐かしい商店街でもある。

さて、生野コリアタウン体験学習の今について。

総合学習の定着、国際理解学習への関心の高まりから、座学ではない体験型学習の効果への期待もあいまって、生野コリアタウン体験学習のニーズはますます高まってきた。もちろん、新型コロナウイルスの感染拡大により2020年、2021年は、ほぼ実施されなかったし、コロナ以前の状況に戻るには、もう少し時間がかかりそうだ。ただ、学校現場での効果ある教育体験学習として、まだまだ生野コリアタウン体験学習のニーズは高い。

学習のねらいをどこに置くのか

一方、学校のなかには、現地コーディネーターが準備されていて、子どもたちの受けもいいという安易な発想で実施したいとする学校もある。また、現地コーディネーターもおかず、生野コリアタウンのなかで子どもたちを「放牧」して帰る学校もある。先生たちにいつも強調することだが、生野コリアタウンは普通の商店街であり、そこへ行きさえすれば学習性が成り立つわけではない。つまり、子どもたちの学び、気づきを引き出そうと思えば、それなりの仕掛けが必要で、子どもたちがそこに行けばなんとかなるというわけではない。

ＮＰＯの事務局に生野コリアタウン体験学習についての相談があれば、まず実務的に日程調整から入る。火曜日や水曜日を休日とする店舗が多いことや、体験学習のメニューはこうなっているなどの説明もする。聞き取り学習で店舗にインタビューをしたいということならば、昼食の食材購入のタイミングに合わせて、子どもたちが商店主さんたちと対話したほうが自然だ、などの助言もする。

このような実務的な内容も多岐にわたるので、必ず事前の打ち合わせをしようと呼び掛け、その際も担当者だけでなく、学年の先生たちを誘いあって、なるだけたくさんで来てほしいと呼び掛けている。学年全体で下見に来たほうが、学校からの交通機関、駅から体験現場までの経路、トイレの位置、集合場所の確認など、事前に見ておいたほうが子どもたちへの周知に効果的な情報を多く把握できる。そして、それら実務的な打ち合わせの後に、時間が許す範囲で、私も加わって先生たちと面談してきた。

私はまず、外国につながる子どもたちの在籍状況について聞き、先生たちに今回の学習のねらいについて問いかける。最近の傾向として、外国につながる子どもたちの在籍状況について、正確に答えられる学校が減ってきている。それは、公簿類から外国籍児童生徒であることがわかりづらくなっていることによる。国籍欄がないため、名前のなかに外国につながる固有の呼び名が記載されていなければわからない、という事情もある。さらに、日本国籍の子どもも多く、その場合は日本の公文書に日本名のみが記載される確率が高いため、そうなれば本人や家族からの申し出がなければ、外国につながる子どもや家庭であるかどうかまったくわからない。

一方、こんな事情もある。プライバシーに触れてはならないという認識が学校教育においても強まってきており、子どもの国籍や外国とのつながりについて知る必要を感じないという教員たちも増えている。あるいは、わからない状態で取り組みを続けてきたので、そもそも知らなければならないという意識が育成されていないと言う面もある。

私は、面談の機会にあらためて外国ルーツの子どもたちの在籍状況把握の必要性を強調し、その問題意識を喚起する。「把握しなければならない」と断言する。それは国籍など外国につながる子どもたちの背景だけでなく、障がい児がひとりでできることできないことを正確に知ることでもある。家庭環境がどうであるか、保護者の就労の様子がどうであるかなど、子どもへの効果的な支援のためには、子どもの背景を知ることが基本だ。もちろん、知りえた情報を軽率に扱ってはならないことはしっかりとふまえつつ、学校教育において子どもの背景に迫ることは欠かせないことだと考えている。

さらに私は続ける。「もし学年の中でコリアルーツの子どもがたった一人いるとします。でしたら、私はそのたった一人の子のために、みなさんの学校をお迎えします。二人といたとするならば、その二人のために準備にあたります」としたうえで、ぐっとかまえて「ほかの子らは私にとってどうでもいいのです」などと〝問題発言〟を行う。

先生たちは一瞬凍りつく。「とんでもないこと言う人だ」となり、その場の雰囲気が固まる。もちろん、「どうでもいい」なんて、私はまったく思っていない。挑発しているのだ。先生たちに意地悪をしているとも言える。「たった一人のために、たった二人のために」のくだりは本心。そこを引き立たせるために、あえて試すように〝問題発言〟をしているのだ。効果があるのかどうかわからないが、これはのちのちの伏線である。

私は、先生たちに質問する。

生野コリアタウンの活気ある姿。ごま油の香り、おいしそうに焼かれるチヂミ、トッポッキの鮮やかな赤色が食欲をそそる。茹でたての豚肉から湯気が立ち、生野コリアタウン名物のホットクやヤンニョムチキンが店頭に並ぶ。韓流スターのポスターに、BGMはK・POP。そうかと思えば、済州島の風物トルハルバンに、朝鮮王朝の守り神ヘテが来客者たちを迎える。街路灯すらコリア色豊かで、飛び交うコリア語に、子どもたちは目をまんまるくさせて、好奇心が掻き立てられるだろう。

体験学習も多彩だ。キムチ漬けやチャンゴ体験、テッコンドー体験で、講師たちの「本物」に子どもたちは圧倒させられるだろう。生野コリアタウン体験学習は、これまでの経験上、よほどのことがなければ失敗することのない手堅い校外学習としてかなり定着してきた。そうしたなかで取り組まれるその日、その時、その瞬間を想像してもらいながら、私は先生たちに迫る。問うと言ってもいい。「学年のなかにたった一人、二人のコリアルーツの子どもが、この体験学習のなかで最も懸命に見るものは何だと思いますか？　つまり、体験学習中の終始、コリアルーツの子どもが、もっとも眼をかっぴらいて、目を凝らすものとは何だと思いますか？」と。

先生たちは一瞬悩みながら答える。「やはりおいしそうな食べ物でしょうか」「いやいや民族色豊かな装飾かな」と。ここでも私は若干、先生たちに挑戦的だ。私が求めている答えとは？　コリアルーツの子らが眼をかっぴらいて、目を凝らすものとはなにか？　それは他でもない「クラスメートの顔」なのだと。それに気がついた先生ならば、大きな花丸をあげましょう。当事者は緊張感を持ってここにやってくることを認識してほしいのだ。

でも、先生のなかには、うちのコリアルーツの子どもは元気ですし、明るく、友だち関係も良好だから、緊張感だなんて、と言いたげな人もいる。先生たちにそう見えているのはまちがいないだろう。ただ、学年の数十人のなかの、学校全体の数百人のなかの、たった一人や二人になった経験が先生たちにあるわけではない。日本社会で少数者として生きることは緊張を強いられることなのだということを忘れてほしくない。それがさらに「韓国朝鮮」につながる存在であればなおのこと、たやすいことではない。それは私自身の生い立ちの中で経験したことだし、私が学校を回って出会ってきた子どもたちから垣間見てきた姿であった。

生野コリアタウン体験学習において、コリアルーツのある子どもにとって気になるのがクラスメートの様子であることは、けっして大げさな語りではない。

子どもの気持ち、先生たちに届いていますか？

先生たちにも経験があるはずだ。例えば「命の学習」や「いじめについて考える学習」を学年やクラスで進める際、先生たちの目はどこに留まるだろうか。授業の展開を考える際に、話し出す際に、先生たちの心のなかに、一定の子どもの表情が浮かんだりしないだろうか。誰にもっとも聞かせたいかをイメージしながら、授業づくりにあたっていないだろうか。

きっとどの先生たちも、クラスを森に例え、そのうちの5本でも10本でも花が咲いてくれたら、この授業は成功だなどという「花咲かじいさん」の手法を実践している人はいないと思う。むしろ、学年のなかの、クラスのなかの、どの子に焦点をしぼって元気づけたいか、勇気づけたいかを心中で想像しながら、話題を決め、テーマを決め、教材を決めて取り組んでいるはずだ。教科指導においても、この単元は学力低位の子どもたちに自信をつけさせる絶好の機会にしようとテーマを決めて展開することもあるはずで、「総合学習」や学校行事、校外活動ともなれば、なおのことねらいをさだめ、意識して取り組んでいくことが大切だろう。そうすることで、子どもに輝く機会をつくることができる。

生野コリアタウン体験学習で、私がコリアルーツの子どもにもっとも見せたいものは、クラスメートが語る「楽しい」「おいしい」「もうちょっと居たい」「学校に帰ってもやりたい」という「韓国・朝鮮」を肯定的に語るその姿にほかならない。アイデンティティは内側からこみあがる内発的発展ではなく、常に他者との関係性のなかで形成される外発的発展なのだ。自らが周辺に受け入れられていると感じ取ることができれば「自己肯定」、そうでなければ「自己否定」するしかない。少数者のアイデンティティが、多数者の意識や立ち振る舞いひとつによって容易に左右されるという重い現実を、多数者側の人びとは忘れてはならない。

打ち合わせの冒頭で、私が「ほかの子らはどうでもいい」と切り出したくだり。言うまでもないが、まったくそうではなくて、「ほかの子らこそがとても大事な存在」であることがよくわかると思う。多数の子どもたちの学びや気づき、出会いの機会をより肯定的に育むことで、その輪のなかにいる少数の立場の子どもは生かされるのだ。それが生野コリアタウン体験学習の一番のねらいだと言える。

だから、事前学習もほどほどにして、とにかく現地に連れてきて、そこで「放牧」させ、子どもたちは手持ち無沙汰から集合地点の児童公園に早々に集まってきて、遊具で遊んでいる……。そんな光景を見るのは、私にはつらいことだ。そこで「めんどくさい」「おもんない」「いつ帰るん」などの言葉が飛び交う様子を、当事者の子どもが耳にしてはいないかと本当に心配になる。それでは、生野コリアタウンに来たことがきっかけとなって、逆に「出自は隠したほうがいい」という印象をインプットさせる結果にもなりかねない。だから、少し大げさだが、取り組みに失敗は許されないのだ。

体験学習終了後、多くの学校が子どもたちに感想文を書かせている。その感想文を私のところにも送ってくれるのだが、クラスの子どもたちの感想文も、やはりコリアルーツの子どもに見せるためのものであることを自覚してほしい。コリアルーツの子どもが自尊感情を高めるために、効果的な事後学習とは何かをイメージしながら、感想文の時間をとる必要がある。クラスメートが体験学習を通して何を感じたかをダイレクトに知る絶好の機会だからだ。それを想定するならば、取り組みの最後の感想文に何を書き込んでほしいのか、そこに肯定的なコリア文化との出会いについて触れてほしいというねらいがあるならば、また、それを読んだときのコリアルーツの子どもの心への刺激を想定するならば、そこを起点にした取り組みの全体計画づくりが求められるだろう。

いくつもの出会いが

私は、先生たちに当日を迎えるまでに何度も現地に足を運んでほしいとよびかける。それは、生野コリアタウンの様子を子どもたちに事前に語りかけてほしいからだ。子どもたちにも現地への仮想訪問、模擬体験の機会を事前にたくさん与えてほしい。子どもたちが実際の街の雰囲気に触れる前に、先生たちの語りや体験を通して、あれに触れたい、これに出会いたいという行動の動機づけの機会を持っておいてほしいとお願いする。あるいは何度も足を運ぶことで、先生の行きつけの店ができるかもしれない。先生たちが顔なじみとなったお店の人と親しく話す姿を、子どもたちに見せてあげてほしい。それによって、子どもたちは街にどれほどの親近感を抱くだろうか。

先生たちが事前にルーツを把握できていなかった子が、現地に来てチマチョゴリを指さし「母さんがこの服を着ている写真がある」「ときどき家族が集まってお膳に向ってお辞儀をしている（祭祀という朝鮮半島の伝統儀礼を指している）」などとつぶやく場面に、これまで何度出くわしてきただろう。言うならば、子どもからこうしたつぶやきが零れ落ちるような取り組みでなければならない。

社会見学の安全対策で、先生たちが通りに立っているだけではなく、その場での子どものつぶやきに耳をそばだてていなければならない。いままで知らなかった当事者の子どものつぶやきが聞こえてきたら、先生たちはどうすべきだろうか。よもやそのまま通り過ぎるようなことはないよう願いたい。そう、食いつかないといけない。「お母さんが民族衣装を着ている写真があるならぜひ見てみたい」「それってどんなときにするの？どんな作法があるの？」と、取り組みの充実感に触れて零れ落ちた子どものつぶやきをキャッチし、次の展開につなげてほしい。そのつぶやきが、他者に語る初めてのカミングアウトかもしれないからだ。

すべての学習活動を子どもの自尊感情の形成につなげるため、どのような手法や援助が必要か。ますます多様化を進める学校教育の現場ではとても大事なテーマだ。私の立場から言えば、どのような教科も、学校活動も、クラスづくりも、すべてが子どもの成長に結びつけられるものでないといけないと思う。とりわけ、クラスのなかで少数の立場にいる子の様子にしっかりと着目できる教員や教員集団でなければならない。そのためにも、教壇から眺めたときの子どもたちの姿ではなく、近寄ってこそ見える子どもの背景に、教員は反応すべきなのだ。

生野コリアタウン体験学習において、勇気づけられる、元気づけられるのはコリアルーツの子どもたちであって、クラスにいる中国ルーツ、フィリピンルーツ、ブラジルルーツ、いやいやそれ以外にも多様な外国につながる子どもたちは、コリアタウンでの取り組みを経て、「いいなあ、韓国人は」ときっと思っているだろう。だから、生野コリアタウン体験学習の次の展開を準備しておく必要がある。学校内で多文化料理会もできるだろうし、音楽の授業なら国や地域の楽器や歌の紹介、社会科における地理学習は在籍する外国につながる子どもたちの国や地域について学ぶ貴重な機会だ。メディアで出身国が否定的なニュースで扱われたとき、先生たちはその子どもの立場にたって、豊かな文化、国の成り立ちについて、積極的に語ってあげなければならない。

学校は生命と生活を守る最前線

すべての少数の立場の子が、ここにいても安心、安全だと感じるクラスづくりや学年づくり、授業展開を年間計画に位置づけて検討してほしい。そのためにも、外国につながる子どもたちの国籍や在留資格がわかっていないといけないし、父母どちらかが外国人の場合、子どもは日本国籍だけを持つか、重国籍か。学校では日本語で話しているが、家庭では中国語やタガログ語、スペイン語、ポルトガル語で話しているかもしれない。最近は、親が出身国語で話しかけても、子どもは日本語で答えることが増えているなどの実情も知る必要がある。家庭言語だけでは語彙が備わらず、日本語でのコミュニケーションが楽になりはじめている様子を通して、親の寂しさにも気づいてあげてほしい。せっかくその子どもが持っているバイリンガルの力を衰退させるのはもったいない。可能ならば家庭言語を伸ばしてあげることができる方策をいっしょに考えて、外部講師を招いてタガログ語講座を開設するなどしてあげてほしい。文部科学省は母語支援に国費補助を始めた。それらを活用して講師招聘を教育委員会に要請してもいいのではないか。

一方、日本語が一定話せるようになったら日本語指導の対象から離れてしまうが、生活言語に進展はあっても学習言語はまだ不十分で、この程度の日本語能力では授業についていくのは難しいだろうとか、在留資格が家族滞在であるため都道府県育英会や日本学生支援機構の奨学金申請が難しいとか、先生たちが知っていないと適切な支援をすることが難しいケースも多い。

このようなケースもある。外国につながる渡日家庭の場合、日本語の読み書きに困難を抱えていて、役所の大事な書類を放置してしまっていたり、書き方がわからなかったりして大事な手続きができていないことがある。児童手当や、ひとり親家庭の場合の児童扶養手当など、給付型の手続きともなればなお重要だ。そうしたケースを想定して、「わからないときは学校に持ってきたらいいですよ」と、家庭支援への気持ちをダイレクトに伝え、学校が相談できる場所であることを伝えてあげてほしい。先生たちに相談できることを知ることだけでも、緊張感がほぐれることがある。それが信頼関係にもつながるだろう。そして役所から公的援助を適切に受けられるようにもなる。とても大事だ。

しんどい子はしんどいと言いにくく、苦しんでいる子は苦しいと言いづらい。孤立の淵にある子は強がってみせ、勉強のわからない子はめんどくさいとごまかす。日本語がわからなくてもわかると言い、わからずに持ってこられなかったのに忘れたと話す。離散していても家族が一緒に暮らしているかのように話し、虐待の被害の子が容易にいじめの加害者となる。いま、私たちが向き合う子どもたちのほんとうの姿を知るために、子どもの背景に迫り、その上でどう勇気づけたくて、元気づけたくて、いまこの課題に取り組むのかのねらいをさだめ、取り組みの計画をしっかりと立ててほしい。

学校は子どもを輝かせることも、その輝きを奪うこともできる。まさに命と生活を守る前線に学校がなっていることを忘れずにいてほしい。

第４章

彼女が学校に行けなかった理由

タイから来た子ども

2010年5月、大阪市内にタイから一人の子どもが来日した。当時13歳で中学1年の学齢に相当していた。タイ人の母親が再婚したことによる呼び寄せで、来日して地元の区役所に転入届を済ませると、区役所の担当者は居住地域の公立中学校に転入学手続きをするよう求め、その窓口から学校にも連絡を入れてくれた。その時点までは通常の転入学手続きであり、区役所にも学校側にも特段の齟齬はなく、受け入れ準備を進めてくれていた。

しかし、その後、事態は急展開する。約束の日に再婚者の日本人男性と母親が子ども同伴で学校を訪問すると、通学手続きや準備物への説明も簡略的に済まされ、とにかく後日連絡するので自宅で待機しておいてほしいと求めてきたという。義父も転入学手続きなどしたことがなく、ましてや海外からともなれば、少し時間がかかるのだろうと考えたそうだ。もちろん、母親や子どもは言われるままにするしかなく、その日は必要な手続きをなんらすることもできずに学校をあとにした。

日本で暮らす母親は、故国に残した娘のことをいつも心配していた。いつか日本で一緒に暮らしたいと願い続けてきた。しかし、生活は苦しく、郷里の家族に仕送りすると日本での自らの生活もぎりぎりの状態だった。娘をいつ呼び寄せられるのだろうかと途方に暮れているときに、生計を支えてくれる新しいパートナーと出会った。パートナーは母子の生活再建を支えてくれた。娘を連れて日本の空港に初めて降り立ったとき、母親は天にも昇るぐらいの気持ちだったという。もし私自身がその境遇にあったならば、二度と離れ離れにならないために、どんなことがあっても娘を守りたいとの気持ちを高ぶらせたことだろう。

異国での新しい生活が始まった。娘にとってまず大事なのは学校だった。家族三人、喜び勇んで中学校を訪問し、転入学の手続きをとろうとしたわけだが、それがうまくいかなかった。それでも、まあ何日か待つぐらいは仕方ないか、と考えたという。

一方の学校はどうだったか。転入学手続きは、子どもの便宜を優先するものだ。早い場合は、区役所からの基本情報が入った時点で入級するクラスを一定想定し、その上で、当事者を交えた就学手続きがすすむ。早ければ手続きの翌日からさっそく通学が始まるというのが通常だ。場合によっては、学校の標準服や持ち物が整っていなくても、授業には参加させ、教育を受ける権利をできるだけ優先するよう配慮してくれる。ところが、このタイからの転入生については、その後１か月が過ぎても、入学を許可すると言う連絡がなかった。私のもとに連絡があったのは、すでにほぼ２か月が過ぎた時点だった。私が「入学拒否が起こっている」という重大な事実を知ったのは、その市で渡日生徒の日本語指導を担当している教員から、一度相談したいとの連絡を受けてのことだった。

転入学手続き停止の背景

聞けば、転入学手続きが停止され、さらに学校長が近隣の中学校に受け入れを打診していたという事実もわかってきた。私は当初信じられなかった。公立学校が子どもの入学を拒否？　まさかと思ったが、それが事実であることを知ったときは、ただただ愕然とするだけであった。

子どもの教育権は法律によって守られている。少なくとも小・中学校で学ぶ権利は、国籍如何によらず、考慮の余地なく、当然に守られるべきだ。ところが、今回の出来事はそれを真っ向から否定する重大な人権侵害であった。

私はいま目の前で起こっている事態の全容を把握すべく、活動を開始した。さっそく教育委員会に問い合わせた。もちろん、教育委員会は把握していた。すぐに担当者らと協議した。担当者らは、「由々しき事態で、学校にはすでに何度も指導を行っている。ただ、この間は事態の改善はなく、いまは小康状態に陥っている」と述べた。小康状態とは、生徒の入学が拒まれている状態を言う。

教育委員会が子どもへの人権侵害であるとの認識を持っていたことは若干なりともよかった

が、指導しても言うことを聞かないと、ただ足踏みをしている様子に、私は怒りを感じた。私は教育委員会にも責任があると指摘し、指導しても改善が見られなかったら次にどうするのか、その先はどう対応するのか、それを示さないと教育委員会も加担者になるだけだと迫った。

その時点では、教育委員会の担当者らは次の指導を探せずにいた。その理由はのちに述べる。

私は教育委員会と共同で対応しながら、一方で、私にしかできないことを模索した。学内から直接に正しい事情を聴き出す方法はないかと、私の持つネットワークを駆使して関係者からの聞き取りを始めた。そうしたなか、当該中学校の他学年所属の教員二人が私と会ってもいいと申し出てくれた。生徒の入学拒否が起こっている事実に心を痛めての申し出であった。

聞き出せたのは、入学拒否の事実が学校全体に共有されていなかったこと、1年生の学年団を高圧的に牛耳る二人の教員の存在があり、学内でやりたい放題しているとの情報だった。二人の教員のうちの一人は当時の学年主任で50歳前後の男性、もう一人も学年主任の経験者で50代後半の女性だという。今回の転入学の拒否については。この二人が学校長に強力に迫り、学校長もそれに押し切られて起こった出来事であったことが見えてきた。

校内の評価によれば、彼らはふだんから子どもたちへの威圧的態度に加え、同僚の教員らにも高圧的で、学内には「あの二人には関わらないほうがいい」との雰囲気が広がっていることが見えてきた。

当時の学校長は教頭から昇進し、他校から赴任してきた新任女性校長で、前任の女性校長からこの二人のことも引き継いでいた。前任学校長は問題教員二人をうまく手なずけ、自分の味方につけることで組織を維持していたらしい。ただ、問題の二人の立場から言えば、学校長を意のままにコントロールできたと理解していたかもしれない。つまり、問題教員二人がやりたい放題できる土壌を、すでに前任学校長が生み出していた。着任した現学校長は経験不足に加え、組織マネジメントに疎く、職場内の異様さを認識しつつも、この二人と対決する意思を示せず、前任学校長の手法を踏襲しようとしていた。いや、二人からの威圧的な態度に委縮し、異常事態への加担者として立ち振る舞うことで、彼らとの摩擦を避けようとしたと言えるかもしれない。

学校のなかの歪んだ力関係

「日本語ができない子の受け入れは拒むべきだ。何かあったら誰が責任を取るのか」。

このとんでもない言動に学校長は後ずさりし、迫られるままに手続きを放置した。近隣校に「そちらで受け入れてもらえないか」と打診した件も、通常ならば恥ずかしくてできないことだが、それを易々とやってしまったのは、よほど二人が怖ったためであろう。そこから見ても、学校長は正常な判断ができない状態に陥り、学内での指導力を完全に失っていた。いや、学校のリーダーとしての見識や指導力、教員としての人権意識がなかったがゆえに、理不尽な要求を呑んでしまい、職場の円滑な運営というゴマカシのもとに、問題教員二人のやりたい放題を結果的にほう助したと言ったほうがいい。それは学校長だけではない。この中学校のすべての教職員が「関わらない」ことを決め込むことで、職場にはびこる理不尽を見て見ぬふりし、それを正すべき対決から逃げた。問題教員と学校長が主犯格ならば、他の教職員もそれを放置したという意味で共犯であったと言える。

教育委員会が、指導はしているものの事態に改善が見えないとした背景には、こうした学校内の歪んだ力関係が背景にあった。学校長への指導だけでどうにかなると言う状態ではすでになかったのだ。

それがわかった以上、教育委員会はさらに毅然たる態度で臨む必要があった。子どもの教育権を教員が侵害する深刻な事案だ。これは処分に値する。私からそう進言し、教育委員会の上層部に情報を的確に伝えるよう要請した。同時に私は、教育委員会を通して、そして私に重要な学内の情報を伝えてくれた教員たちを通して、学校長にメッセージを伝えてもらった。「一度会いましょう」と。

数日後、ターミナルのコーヒーショップで学校長と会った。学校長はずいぶんと憔悴した様子だった。私に学内の状況を伝えてくれた教員二人も同席してくれた。教育委員会からの指導が強まってきたことと、私から面談の要請もあって、このままではおれないことを察したのだろう。歪んだ関係と対決する、そんな覚悟が感じられた。学校長は、子どもや保護者への謝罪の気持ちを語りながら、再度立て直しをはかり、心ある教員たちと歩まなければならないという決意を語った。教育委員会が当該の教員二人を処分する方向であることも見えてきて、もはや後がないと判断したのだろうと思う。

そうした学校内外の様子が伝わったのか、当該教員二人は学内で態度を急変させ、タイ出身生徒の受け入れに応じたという。しかしもう手遅れだ。現場で威圧的な言動を繰り返したとして教員二名は減給、学校長は訓告の懲戒処分を受けた。

当事者である生徒は、当初の2か月間は在籍のない不就学状態。それを過ぎてもなお、在籍クラスが決まらないという時期を経験した。生徒はまともに学校に行けなかった。幾日か通った学校でも、会議室で支援者と勉強することしかできなかった。

夏休みに入ると宿泊行事があった。生徒は行きたいと語ったので、参加することが決まった。ただ、その時点でもまだクラスが決まっていなかったために、当初からこの事件にかかわり、私に最初に知らせてくれたタイ語を話せる教員が特別に臨時担任として付き添った。

外国籍の子どもをめぐる学校の現実

事態が急変し、生徒の通学が決まるまで、両親は学校に通えない理由がわからなかった。いつか連絡が来ると信じて、それを待つしかなかった。理不尽を蒙っている当事者が、家族にいま何が起こっているのかという事実把握から最も遠ざけられていたのだ。それを改善すべく、タイ語を話せる教員とともに家庭訪問をすることにした。解決への目処が一定立ったところで、当事者にこの間のすべてを正しく知ってもらう必要があると考えたからだ。

この間の出来事を説明した。父親は「そんなことがあったんですね。なにかおかしいと思った」と感想を述べた。うつむきながら話を聞いていた母親は、終始この件で言葉を発することはなかった。ただただ、目新しいフローリングの床に、大きな大きな涙のつぶをいくつも落とした。母子離散を経験し、いつか一緒に暮らせることだけを励みに、懸命に生活を立て直してきた家族。ようやく夢がかない、一つ屋根の下で暮らせる幸せをつかんだその矢先の出来事だ。娘が社会から厄介者扱いされ、外国人だから学校に来るなと差別されたことに傷つかないはずがない。私には、いまもあの時の母親の涙が忘れられない。母が泣くのを見て、娘が部屋から飛び出してきた。母親に体を寄せて、どうして泣いているのかとばかりに大きな瞳をまばたかせた。その姿にも胸が痛んだ。

このケースは私たちにある重大な問題性を突きつけた。文部科学省は外国籍の子どもは義務教育の対象ではなく、あくまでも希望する場合において日本人同様に地域の学校に通うことができると説明する。つまり、教育を受ける権利が認められているわけではない。あくまでも恩恵であり、サービスとして通うことができるという論だ。日本人の子どもに保障されている教育権が外国人には認められていない。もちろん、文部科学省も「就学の機会保障」という言葉を用い、各地の公立学校においても受け入れが進んでいる。その趣旨はどの子どもにも教育の機会は与えられるべきという普遍的な人権の視点だ。子どもの教育を受ける権利は尊いもので、受入れを進めてきた自治体の対応は国の見解を補ってきたとも言える。ところが、いざ今回のような事件が発生すると、あらためて外国人の子どもの教育権がいかに脆弱であるかを如実に突きつけられる。今回の事例は大阪で発生したが、これまで築き上げてきた人権教育の実績が吹き飛ぶかのような深刻な人権侵害事件であったし、義務教育の学齢にあたるにもかかわらず、どの学校にも在籍しない不就学の外国籍の子どもたちの実態は、メディアにも取り上げられ、文部科学省でも重視するようになってきた。

教育委員会は当該教員二名と学校長を懲戒処分とした。ただ、理由としてあげたのは、学校長への暴言などによって職場の秩序を乱した行為だった。学校長には管理職としての指導や管理不十分が懲戒理由となった。つまり、処分理由に「入学拒否」は盛り込まれなかったのだ。万一、処分不服で当該教員との間に裁判沙汰になった場合、「入学拒否」の処分理由でたたかえるのかという教育委員会なりの予防線があったのだろう。文部科学省の外国籍児童生徒の教育に関する見解を盾に、「外国人の入学を拒む」ことが法律上の過失として問えるのかという問題点だった。

このケースから見えてきた事実は、「外国人の子ども」たちの教育が権利ではないことによる不安定さである。国籍の違いによって人権としての教育にすら格差が生じている事実を、ここで垣間見せられた格好となった。

学校のなかの分断

今回の出来事を通して、もう一つ注目しなければならないことがある。それはこの学校のなかに分断が生まれていたということだ。

そもそも前任の学校長は、自らの手腕に不安があったため（本人は、むしろ問題の多い教員をうまく操作し、それなりに学内をまとめていたと認識していたのではなかっただろうか）、学内において発言力のある教員を自分の味方につけることで、その教員を相対的上位に序列させるという秩序を根源として、組織を統率していた。

学校のマネジメントとしては最もしてはいけない手法なのだが、こうした「歪んだ学校支配」の構図は、事例としてはけっして珍しいことではない。というか、多いとも感じている。中学校、特に荒れを経験してきた学校にそれが散見できる。「荒れ」が激しかった中学校では、子どもを腕力で威圧的に指導できる教員が重用されてきた。学校長は、生徒指導部を中心に教員間のヒエラルキーを構築し、その秩序の中で学校運営に臨むことがあった。ただ、いまや子どもを力で圧倒することは許されないし、子どもたちは教員による力の支配などには全然屈していない。集団化すれば容易に乗り越えられることを知って、子どもたちは大人たちを凌駕した。教員が子どもを威圧して言うことを聞かせようとする行為が認められていいわけがなく、それが自らの役割だと認識している教員がいるならば、それは自己満足の世界だ。「荒れ」る力が弱くなっている最近の子どもたちを前に、あたかも集団指導ができているかのような錯覚に陥っているだけだ。

一方、こんな弊害もある。子どもに対して威圧力を発揮する教員が学内のヒエラルキーの上位に位置づければ、その逆で子どもを威圧できない教員が低位に序列される。いくらそうした歪んだ学校支配を否定しても、子どもの目から見たら教員間における力関係は一目瞭然だ。対抗しようというエネルギーがあれば、序列の低位をねらっていけばいい。歪んだ学校支配を背景とする序列低位に位置づく教員の授業が、子どもたちの「荒れ」によって成立しなくなる。または、担任業務がうまくまわらないなどのかたちで、子どもたちから特定の教員への圧迫が加速化されていく。

このように子どもに乗り越えられていく、つまり、ターゲットになる教員には、「仕事ができない」というレッテルが貼られてしまうことが多い。そうしたレッテル貼りが横行するほどに、子どもや親との関係に行き詰っていることを同僚に打ち明けられなくなり、問題を抱え込む傾向に陥る。まわりが気づいたころには、結果的に事態が深刻化しているというケースも珍しくない。

歪んだ学校支配は一部の教員にとっては居心地がいいものだ。そして、それに依存している学校長も、他の学校運営の選択を狭めてしまい、ますますその秩序維持に固執するようになる。しかし、そんな学校の防波堤は遠からず決壊する。学校が抱えている課題は単線ではない。複雑に絡めば絡むほどに、多様な問題解決能力を学校集団が兼ね備える必要があるわけで、特定のスキルを持つ教員、あるいは特定のグループが過剰に学校内で発言力を得ることは、問題解決能力をそもそも低下させる危険を生む。

多様であることと学校マネジメント

学校には多様なスタッフの力の結集が欠かせない。一人ひとりの個性や役割をいかに生かし、それが互いに結束しあうことでもたらされる総合力が、学校マネジメントには絶対に必要だ。

私は、教員一人ひとりが自分の個性にちゃんと気がついているか、いつも問いかける。学校に30人や40人の、いやそれ以上の教職員集団がいれば、子どもの頃にいじめの被害経験を持っていたり、またはその逆で、いじめの加害経験を持っている教員もいるはずだ。被害経験にしても、加害経験にしても、自分にとっては黒歴史だとし、心の奥底に記憶を沈めて葬ってしまいたいと思う気持ちはわかる。でも、あえて教員になった以上は、それが武器であることを強調したい。つまり、いじめの被害ならば被害者に、いじめの加害ならば加害者に最も近い位置で、自らも経験した当事者として子どもに救いの手を差し伸べられる教員にならないといけないからだ。

例えば、ひとり親家庭に育ち、苦学して大学を出て教員になったのなら、ひとり親家庭で育つ子どもたちに、生活困窮を経験した教員なら、その渦中にいる子どもに、最も寄り添ってあげられるはずだ。中・高生時代にクラブに一心不乱に取り組んで、朝も夜も休日もなく打ち込んだが、それでもレギュラーにはなれずに悔し涙を流した経験のある教員は、まさにその立場にいる子どもに対して最も説得力のある励まし方ができるはずだ。自分にとって親の存在が最大の抑圧装置だったと、親から逃れるために実家から遠く離れたところで就職した教員は、まさに親の虐待に苦しむ子どもの苦しみを最も近くで理解してあげられるはずだ。つまり、教員も自分の個性、オリジナリティを生かし、しんどさを抱えた子どもといかにかかわるのか。学校は、そうした視点や可能性を内部にたくさん含んでおかなければならない。

学校の教職員はこうした個性集団でなければならない。それが発揮されれば子どもを救うセーフティーネットの網の目がより細かくなっていく。だから、校内にセクトをつくり、通気性を遮断し、特定の教員の発言力が過剰に強い学校は、役に立たない。そんな学校のなかでは、子どものトラブルが頻発するだろう。いじめが起こっても、それを見抜く力を持てずに、問題事象の深刻化を招くだろう。

学校が社会と連携することが昨今テーマとしてよく認識されるが、それと同時に、学校内連携がより重要なのだ。教員一人ひとりを生かし、補い合い、結集することで、チーム学校の総合力を高めていくことができる。それがめざす学校マネジメントの柱だ。

それら多様な背景を持つ教員の強さや得意分野を知って、学級や学年の壁を突破し、子どもや親にとってもっとも安心や安全の感じられる布陣を打つことが学校長の役割だ。それは学校の生命線だ。クラスで問題事象が発生したとき、まずは「学級担任が当事者からしっかり聞き取りをして」となる。それは学校のしきたりとして理解できるし、役割分担としてそれはそれでわかる。しかし、子どもや親の立場から見て、学級担任が最も話しやすい相手かどうかなど、いったいどこで誰が決めたのか。場合によっては、現担任よりも前担任のほうが話しやすい場合もあるだろうし、クラブ顧問により信頼を寄せているかもしれない。保護者がかつて教頭先生の教え子だったならば、家庭訪問時に教頭先生が一緒について行ってもいい。

子どもや親を中心にして放射線状に広がる学内スタッフのネットワークを広げていく必要がある。学内スタッフは教員だけではない。ときには管理作業員さんや用務員、校務員。事務職員の可能性だってある。私の知るケースでは、保健室登校でもなく、事務員さんの横に座って過ごした子どもがいた。何をするわけでもなく、事務員さんの横が特等席だった子どもだ。

そのためにも、教職員が誰とでも相談できる体制を学校内につくらないといけない。効果的な研修会を実施したり、教育委員会や教育センター、教育研究会などが開催する研修会に、意識的に学校は教員を送り出したりする必要がある。世代交代がすすみ、若い先生が増えるなかで、興味があっても日常業務に追われて研修会参加を決断できないでいる場合は、学年主任や管理職が「行って来たらいい」と背中を押してあげないといけない。指導に行き詰まり、悩んでいると思ったら、学校長が率先してその教員に声をかけ、相談にのらないといけない。そのための観察力が学校長には求められる。

根深い問題に目を向ける

そうした通気性のある職場づくりこそが、教員を生かす道であり、失敗しても助けてくれるという安心感にあふれる職場となる。それらすべてが学校の生命力向上には欠かせないものだ。その視点で言えば、この章で紹介した学校はその真逆を行った。前校長によってつくりだされた歪んだ学校支配。それを継承するしかなかった現学校長。学校長の弱みを見透かすように、問題教員二人は学校を、学年を掌握し、他学年の関与を拒み、他学年も学校長がそれに依存していると見るや、「かかわらない」を決め込んだ。

閉鎖性はおのずと高まるばかりで、その弊害は人権侵害を容認する学内の雰囲気へと変わっていったのだろう。タイ出身の生徒が大きな人権侵害を経験したが、明らかになっていない子どもへの人権侵害はもっとあったであろう。

私はこの事件と対峙するなかで、次から次へと明らかになる事実に何度も頭を抱えた。なかでも若い教員が学校内の雰囲気に迎合してしまっているという事実が見えてきたときは、恐怖さえ感じたものだ。ふだんから威圧的であったという教員は、学年の全校集会においても子どもを見境なく怒鳴り、子どもの人格を否定する言動も日常的にあったという。子どもたちは当然に委縮するわけで、それによって一過的に問題行動は抑制されたであろう。それによって学年が落ち着いていると見えなくもなかっただろう。

学年の教員集団は、その手法で成果を収めていると理解していた可能性がある。当時、学内のまだ若手の教員たちは、それをどう見て、どう感じていたのだろうか。こんな指導は嫌だなと思っていたならまだ救いがある。しかし、そう思ったとしても、力関係のなかでは何かできるわけでもなく、あきらめて問題意識そのものを封印したり、そこでの居場所を確保するため率先して迎合して人権侵害に加担したり、あるいは無関心を装うことで責任から逃れようとした、そのいずれかであったろう。教員一人ひとりの心理をも支配する異常な出来事が発生していたのだ。学校という空間は、方法をまちがえれば、こうした深刻な問題を起こす誤った機能を持っているということを、あらためて映し出した事件だったといえる。

もちろん、教員らが処分されたことで目が覚め、あんなやりかたはよくなかった、絶対にだめだったと振り返ってくれていたらまだ一重丸だろう。ただ、それだけでは、子どもへの人権侵害にかかわったことへの責任や、その渦中において自分は何をすべきであったのかという総括がなされたのかは不明である。問題教員からかわいがられていた若手もいたという。この事件がもたらした問題性はほんとうに深い。

さらに、1年生の学年団で起きていることを2年生、3年生の学年団がほとんど把握できていなかった。その結果、多様な目が、多様な支援の手が当該学年に入る余地を完全に排除してしまっていた。実はこれも学校教育の現場においては珍しくない。隣の学級や他学年に関与できない。あるいは、担当していないクラブ指導に口を挟めない。２０１２年に起こった大阪市立桜宮高校バスケットボール部における体罰事件はその典型だ。報道などによれば、バスケットボール部で異常な体罰が行われている事実を把握していた教職員はいた。しかし、全国大会で好成績を残すバスケットボール部の存在は、完全に学校内では他の教職員が関与できないアンタッチャブルであったという。生徒が体罰を含む異常な指導によって自ら命を絶つというような痛ましい事件に発展してはじめて学内の異常さが明らかになり、教職員が目を覚ました。

学校のなかで特定のグループが学校運営に強い影響力を持ち、まるで学校に別セクトが存在するかような閉鎖的な風土は、絶えざる点検と、そうしてはならないという強い意志がなければ、容易に生まれやすいものであることを、あらためて自覚する必要がある。学校のマネジメントが脆弱であれば脆弱であるほど、学校内に分断を抱えやすい性質があらわになるものだ。

第5章 クラスにおいて子どもをどう見るか

子どもの背景に迫る

私は、学校教育における子ども支援の基本として、子どもの背景に迫ることの大切さを強調してきた。最近の学校教育を見ていて心配するのは、子どもの背景に迫る力が弱まっているのではないか、ということだ。では、以前はしっかりそれができていたのかと問われれば、それもまた心もとないところではある。違いがあるとすれば、コンプライアンスへの意識が高まり、個人情報の取り扱いが厳格になり、プライバシーへの配慮のあまり、学校が家庭との関係づくりに難しさを抱える側面が強くなっているように思う。しかし、それを口実にして子どもの背景への接近に学校が消極的になっているだけなのかもしれない。

人権概念の広がりを受けて、個人情報の取り扱いに注意を払わなければならないということに、私は絶対賛成だ。ただ、個人情報の取り扱いは、職務上知りえた情報、ここでは学校が当事者を通して知りえた個人情報について、第三者に聞かれる可能性のあるような公共の場所で口外すること、個人情報が含まれる書類やＵＳＢなどを学校外に持ち出すこと、またそれを紛失することへの厳格な禁止であり、注意喚起であり、子ども支援に欠かせない家族構成、家庭環境、虐待の有無などの事実を適切に管理しながら学校が収集し、保持することはなんら問題ないことだ。そのあたりのことについては、文部科学省や各自治体もガイドラインを示している。学校が、子どもの背景に迫ることに対して足踏みしたり、躊躇することが横行すれば、学校の持つ機能や力の低下は免れない。私は、そのことによる子どもの命や生活を守る支援の遅延や逆行を恐れる。学校のミッションが子どもを守ることにある以上、学校は子どもの背景に迫らなければならない、私の考えはこれに尽きる。

その視点に立ったとき、実際の学校運営、学級運営はどうあるべきか。私が教員研修などでよく話すのは、教卓の上から眺めるだけでは子どもたちのほんとうの姿は見えてこないということだ。教員のほうから子どもの側に一歩踏み出し、近づかないといけない。教室を鳥観図的に眺めても、子どもどうしの関係性は見えてこないし、見えてこなければ適切で効果的な援助法は見つからない。

前の章で、子どもの社会にも序列があることを説明した。それを「スクールカースト」と呼んで、学校に根を下ろす人権侵害の構造的現象を論じる学者も増えている。私は学者ではないので、実践をもとにして語るのだが、これまで多くの問題事象に触れてくるなかで、この課題から自由であった学校はひとつもなかった。

一方で私は、この現象が子どもたちに特有のものではないとも見ている。人間の悲しい習性かもしれないが、幼児期をのぞけばすべての世代で常に人と人との関係に強弱が存在する。実際の職位や地位に加えて、過剰に発言力の強い人、弱い人、いじる人、いじられる人といった歪んだ関係が集団のなかに存在している。集団を帯状に配置すれば、両端の偏った強弱のその中間に、優位な立場の人に積極的に迎合するグループ、または無関心や傍観することで消極的に秩序維持に加担するグループなどが配置される。集団を構成する一人ひとりが大小なんらかのかかわりをもって集団の秩序維持に貢献しているのだ。

実際に、成人になっても職場などでいじめに遭遇し苦しむ人は後を絶たない。こうした事例において特に深刻なのは、異常な行為がもたらす被害への救済策が示されず、被害が二重にも三重にも深まってしまうことだ。被害救済よりも集団による閉鎖的な秩序維持に重きが置かれている。人びとのあいだにはびこる、その集団のなかに入ってみないとわからない序列関係や特有の秩序を、一定肯定することで組織や集団を守ろうとする社会。

「できる」「できない」は大人社会の影響

このように、子どもたちの力関係や序列意識は、必ずしも子どもたちのなかから自然発生的に起こっているわけではない。この点に私は注目する。私の知る事例でも、子どもたちの関係性は、往々にして大人による何らかの影響や関与があるなかで生み出されている。若干「教育」を否定的に捉えるとすれば、私は教育活動がそもそも、「できる子によって成り立っている」実態があると考えていて、ときに指導行為が「集団のため」という口実の下で強い統制を肯定し、それに適応できない存在への抑圧や人権侵害を助長する危険性をはらんでいると考えている。スポーツ指導において体罰事象が一向になくならないのもそうした構造が背景にある。さらに、こうした集団主義教育のなかで指導者自身が育成されているという実態がある。

学校や学年、学級のなかでは、教員の目から見て「できる」という評価を受けている子どもが集団の主流派に位置づけられることがやはり多いし、それは学校以外の教育現場、スポーツクラブや学習塾などではもっと露骨に、子どもたちのなかに競争をあおる原理として重用されている。成績優秀の子どもと比較することで、他の子どもの成長を促すような指導法が導入されている。それらが子どもたちの水平関係のなかに階層を生み出す効果をもたらすことは言うまでもない。

学校の事例で言えば、教員とのかかわりだけでなく、保護者が子どもや学校に対して持つ影響力によって立ち位置が変化する傾向もある。子どもたちの社会にはびこる序列関係が、他者、とりわけその周辺にいる大人によって大きな影響を受けているというのが、私の臨床経験からの分析だ。

であるならば、歪みのない多様な関係づくりのために、教員が人権教育の視点にもとづいて積極的に介在することも大事だと考えるのが私の主張だ。つまり、子どもたちの社会で最も苦しいことは、序列や強弱関係が固定化してしまい、教室内にとどまらず、教室外にもそれが影響し、かつ進級や進学によっても解消されないことだろう。

この固定化した関係を、教育活動を通して流動化させて、集団のなかに相互尊重の基礎となる多様な人間関係づくりをすすめなければならない。すでにできあがった集団の秩序関係に積極的に関与し、教員の働きかけでそれを流動化させることは困難ではないはずだ。計画を立てて積極的に取り組まなければならない。

「できる」の意味を問い直す

大人の目から見て「できる」と評価される子どものみが集団のなかで優位に立つという文化ではなく、すべての子どもたちが褒められる、その褒められる瞬間を学級のみんなでわかちあうことが求められる。学級や学年のなかでどの子も「スター」になれる瞬間を意識的に積極的につくりあげていく工夫が必要だ。

学級には多様な背景を持つ子どもたちがいる。勉強では目立たないが運動なら負けない子。成績は振るわなくても読書好きで知られる子。いつも早朝から学校に来て花壇の水やりを欠かさない子。学内文化発表会の展示物づくりで活躍した子。ものづくりは苦手だが教室から体育館に設けられた展示室への作品移動に力を発揮した子、などなど。学校生活において、どの子どもが、どの瞬間に「スター」になれる可能性を秘めているのかを、教員がよく観察し、タイミングを逃さずに本人に、そしてみんなの前で褒める。みんなの前で感動してあげる。子どもたちへの関与とは、まさにどの子も「スター」になるためのストーリーテリングを教員が果たすということだ。逆説的に言えば、どの子どもが集団のなかで序列下位に押しのけられているか、あるいは押しのけられやすいのか、集団内での力学について見抜く力が教員に求められている。子どもの背景を、子どもの側に近寄って見抜く力が教員には必要だ。

大事なことは、どのような学級活動がその解消に効果的なのかを計算して教員が取り組むことだし、そうした指導力が備わるような研修や人材育成プログラムを管理職や教育委員会が実施することだ。

私が子どもの頃、教員によって、汚れてシミだらけでしわくちゃになったカッターシャツを教室のみんなの前で指摘され、笑われたことがあった。クラスのみんなもそれを聞いていた。私は機転の利く子どもだったからすぐに笑いに転換できたが、クラスメートたちもやはり案の定、カッターシャツのことをいじるようになり、その都度緊張しながら機転を利かして立ち振る舞うことを私は強いられた。それができなかったら、汚れたシャツを笑ってもいいという先生の「公認」のもと、そのままいじられるだけの位置に陥っていたかもしれない。

２００７年に東京で開催された「多民族共生教育フォーラム」で、ブラジル出身の子どもがどうして地域の公立学校からブラジル学校に転校したかを語ってくれた。「教室でものがなくなった。そしたらクラスメートたちは私が犯人だと言った。そして先生に助けてほしいとお願いした。でも先生は『あなたがちゃんと正直に言えばいい』と話した」という。それがきっかけで学校に通えなくなったと、その子は泣きながら語った。

この証言だけではわかりづらいが、学級のなかですでに不利な立場に立たされているブラジル出身の子どもに、教員は救いの手を差し伸べるどころか、その集団の歪んだ秩序維持に積極的に加担したかっこうだ。ブラジル出身の子どもがうそをついていたとしても、なぜうそをついているのかの背景を知ることが大事だし、濡れ衣であったならそれは重大な人権侵害だ。どの場合においても、ＳＯＳを発した子どもの失望は相当のものであったし、彼を低位に位置づけている学級の集団秩序に対して教員はお墨付きを与えてしまっている。

教育は不平等

私は「教育は不平等だ」と、いつも言っている。学級に30人の子どもがいたならば30分の１ずつの、35人いたならば35分の１ずつの関心と愛情を平等に傾ければ、それで事足れりとするような考え方には絶対になってほしくないと強調している。

学級のなかには、30分の１、35分の１の関心と愛情をかけずとも、自ら好奇心を持ち、探求し、課題を探し出す子どももいる。そんな子の場合は、０・７や０・８ぐらいの愛情と関心でも十分かもしれない。一方、学級分の１の関心や愛情ではやり抜けない子どももいる。そんなときは、できる子どもによって浮いた０・２や０・３をかき集めて、クラス分の２・２や２・３のように積み増して関心と愛情を傾けてあげないといけない。言ってみれば、クラス担任がどの子により厚く手をかけてあげなければならないか、それを見抜いて、その後の対処方法を練ることができるような学校運営や学級運営が求められる。

これもよく話すことだが、学級活動において「はい、３人一組になってみましょう」とか「５人一組になってみましょう」と、グループづくりをなげかけることが多い。しかし、そんなときにこそ、どのグループにも入りづらそうにしている子どもの存在を、教員は目を凝らして観察しなければならない。グループ活動は、参加型で双方向の協同を促す授業として効果がある。円滑に授業をすすめるために多用される手法である一方で、その際に醸し出される子どもたちの行動から、どの子が集団のなかで不安定な位置に立っているのかを見極める機会にしなければならない。

遠足に行った先で昼食時間となり、教員が「だいたいこのあたりでお弁当を食べなさい」と投げかける。子どもたちは思い思いのグループをつくり、食事を始める。しかし、どのグループにも微妙な距離をあけて、ひとりでお弁当を広げている子、クラスメートよりも教員のそばでお弁当を広げようとする子どもがいる。そんな子どものことに教員がちゃんと気がついているか。集団のなかで孤立し、孤独を感じている子どもの存在を見つけ出す、あるいは、それを確かめるためのグループ活動や校外活動でもあることを理解して取り組む必要がある。そうした子どもの存在を通して、学級にはびこる歪な関係を把握し、その対処にあたっていくことが望まれる。

授業でも、他の学級活動でも、子どもたちの側に教員が一歩近づくことで見えてくることは無数にある。学級づくりとは、まさに子どもの背景に迫り、子どもたちの社会にいま何が起こっているのかを正確に把握する教育活動であり、課題があるならばそれを克服することだ。そのプロセスは、子どもにとって成長へのステップにもなる。どの子どもも教室のなかに居場所が見つけられるように後押しする重要な教育活動が学級づくりだ。

いまこそ家庭訪問を

最近、家庭訪問に行かない、あるいは、あまり行けないという学校が目立つようになった。それは、学校側が怠っているというよりも、教員の訪問を受けたがらない家庭が増えており、保護者の面談はもっぱら学校でという事例が多くなっているからだろう。もちろん、産業構造の変化によって就労形態が大きく変化し、そもそも保護者が放課後に自宅にいるとは限らず、夜８時、９時にならないと帰ってこない、夕方までは休んでいて夜から仕事に出かけるなどの日常を過ごす保護者は、いまや珍しくない。また、非正規の仕事をダブル、トリプルと抱えて生活し、とにかく仕事と仕事の合間は家事をこなすため、家庭訪問を受けるどころではないという保護者も少なくない。そうした保護者と会うための家庭訪問を強化しようと思えば、教員の勤務時間内に終えられるかという問題も生じるだろう。教員が保護者に合わせて、夜８時、９時まで学校に居残って家庭訪問に出かけていくというのは、管理職としては後押ししづらい。

ただ、家庭訪問を通してしかわからない情報がある。子どもや親、その家庭環境を知るうえで、家庭訪問が有効な手段であることを強調しておきたい。学校であんなに元気な子が親の前では物静かであったり、学校で物静かな子が家では親に対して暴力的であったり。玄関口からほんの一瞬見えた居間に、食べたあとのお弁当箱が積み上げられていたり、ごみ屋敷とまではいかなくても、このまま放置するとそうなりそうだと直感できるような家庭の様子であったり。あるいは、子どもが学校ではおくびにも出さなかったが、ひとり親家庭の母親が体調を崩していて、教員訪問の直前まで横になって休んでいた様子が見えてきたりする。どれひとつを取ってみても、子どもや家庭背景を理解する上で大事な情報ばかりである。

家庭訪問は教員であるがゆえにできるわけで、そのかかわりを教育活動に生かさない手はない。昨今の社会関係の希薄化のなかで、家庭訪問の困難さはわかる。しかし、そのことから得られる情景が、子どもや親を救うために重要なヒントを与えてくれる。

ある高校で、登校して下校するまでずっと机に伏せて寝ている生徒がいた。それが続くものだから、「あの生徒は何をしに学校に来ているのか」と不評を買い、他生徒への影響も心配した教員たちのあいだに何らかの措置が必要だという声がこぼれてきた。しかし、聞き取りや家庭訪問を通して、生徒がひとりで家計を支えている実態がわかってきた。生徒は母子家庭で、母親は体調を崩し、働けないでいた。一方、生活保護が受給できるという事実も知らず、いや知っていたとしても役所に行って膨大な書類を作成できるかという問題も抱え、結局生徒が働いて家計を支える選択をしていた。彼の判断は夜間に働くというもの。放課後にファーストフード店で働くよりも、割高な賃金を求めて夜間の配送会社の荷分けの仕事に従事していた。一年遅れで入学してきたがゆえにできたことだった。

夜9時から翌朝まで働き、朝6時過ぎに家に帰ると、一時間もしないうちに登校していた。普通ならば「もう学校を辞める」と言い出してもいいぐらいの厳しい家庭環境だった。でも、生徒は卒業したいという一心から学校に通い続けた。しかし、体力が持つわけもなく、耐えられずに教室の自席で寝ているしかなかった。机に沈み込むようにして眠る姿を終日見ていると、評価は低くなるだろうし、テストの成績がいいはずもない。しかし、家庭環境を知れば知るほどに、むしろ「困難ななかでよくがんばっている」と応援したくなるし、この子をなんとか卒業させなければと心ある教員の多くが思ったという。

この生徒が目標としている卒業に向けたもっとも効果的な援助法について教員たちは考案し、かかわり方を変化させた。家庭環境を知ることがなければ、生徒は普通に留年し、中途退学に追い込まれていただろう。

学校の対話力

ある母親が訪ねてきた。ひとりで子育てしている母親だ。

事務所の面談室で話を聞いた。保護者曰く「中学校で先生たちから私の娘をいじめている」という。まさかと思いつつも、本人の訴えにまず耳を傾けた。言い分はこうだ。毎日のように、学校から連絡がある。内容は、学校にジュースを持ってきている、化粧してきている、遅刻する、先生に歯向かう、などだそうで、「もちろん、うちの子が悪いことはわかるが、それにしてもなぜ私たちばかり怒られないといけないのか」と。

保護者の語りからも、娘さんが生徒指導の対象になっていることはわかった。ただ、保護者がなぜ「うちの子ばかり」と受け止めて、被害を訴えるのか。そこが大事な点だと思った。

最初の面談で一時間半ばかり話を聞き取った。保護者に学校を訪ねていいかと確認をとり、まず教育委員会に連絡し、学校につないでもらった。学校は私について知らなかったが、つながりのある教育委員会から私のことを伝えてもらったところ、面会の要請を受け入れた。学校は外部からの訪問に障壁が高い。警戒もする。だから、教育委員会から私の人となりを話してもらい、学校にとっても、子どもにとっても最良の解決をめざす立場で訪問したい旨を伝達してもらえたことが効果をあげた。

学校を訪ねると、学校長と教頭が私を迎え入れてくれた。さっそく保護者からの訴えについて話しあった。学校側はこの間の出来事について時系列で話した。私が保護者の言い分を一方的に聞いていることへの、ある種の反論だったのだと思う。聞けば、学校も相当苦労している様子が見えてきたし、保護者が言うように「いじめ」ているわけではもちろんなかった。

ひととおり話を聞きながら、私はこう指摘した。まず、保護者が電話をしてもなかなか応答がなく、学校との連携に保護者は消極的で、ときには学校側に声をあらげて自己主張されるなどの説明があった点について。学校は、連携の名のもとに、学校の都合のいい時間帯に保護者に連絡をするが、その時間帯が保護者にとって都合がいいとは限らない。それと関連して、保護者の就労状況について聞いたことがあるかと問うたところ、保険商品の営業員として働いていると応えたが、詳しい就労状況については知らないと語った。学校側にしてみれば、電話を取らずとも着信を残しているし、留守録で保護者に「かけなおしてほしい」と要請している。それでも返信がないが、それぐらいのことがなぜできないかと言わんばかりだった。しかし、保護者はそれとは逆の受け止めをしていて、「学校からの電話が多い」「いつも怒られる」そして「かけなおすのもしんどかった」と語っていた。私は保護者のその気持ちについて学校に説明した。

それだけではない。一時間半ほどの面談のなかで私が聞き取った保護者の気持ちや生活状況、就労について、生徒が中学3年の半ばまで在籍している学校側がほとんど理解していなかったことをどう捉えるべきなのか。

保護者が私に語ったエピソードを学校側に話した。代理店に勤め保険商品の販売やアフターケアは客優先で、決まった営業時間内で仕事は終われない。早朝であろうが夜間であろうが、客が来てほしいタイミングに訪ねていかなければならず、それができないとすぐに契約が反故にされる。それが20件も30件もあれば、ほとんどプライベートな時間は制限される、と。また、顧客との関係づくりのため、誕生日、バレンタインデー、クリスマスには自費でプレゼントも送る。たとえ少額であっても負担感は大きい。加えて、ほんとうに嫌だと語ったことのなかに、客から食事に誘われること、があった。いつもではないものの、誘われたら拒めないと語り、食事が終わって二次会に行き、またさらに、と続く。セクシャルハラスメントの危機からどう逃れるか、それをどう拒み、途中で切り上げて帰ってくるか。ほんとうに難しく、ストレスが大きいと語った。客は高い保険料を払っているんだから、それぐらいつきあってもいいだろうという考え方だと話した。

「話を聞いてほしい」と私を訪ねてきたという経過はあるものの、わずか一時間半で身の上話をちゃんと聞き取っている。でも、2年半にわたる中学校在学中に、学校はこの家庭の生活状況や保護者の気持ちに耳を傾けることはあったのかと私は問うた。

母子家庭の母親の非正規就労率は8割にいたる。そのなかで、ひとり親家庭の保護者でも、場合によっては比較的高いサラリーを得ることができるのが、歩合制である保険業界だと言われてきた。母親が懸命に働いている様子を私は理解できた。しかし、学校は私から聞く母親の実情について、まったく知らなかったと振り返った。

学校側が家庭と連携しようとしたことはわかるが、それが一方通行になってはいなかったか。学校側にとって必要なことだけを家庭に伝えるのみで、保護者の気持ちや日々の様子などに学校側が耳を傾ける姿勢があったのだろうか。連携の名のもとに学校は学校の都合にあわせて家庭を動かそうとしていただけではなかったのか。

学校長も教頭も神妙な面持ちで座っていた。「学校が娘をいじめている」と話した保護者の主張は過剰だ。また、保護者が学校側に電話口で怒鳴ったりして、学校の教職員たちを不快な気持ちにさせていた側面も少なくなかった。ただ、保護者が攻撃的であればあるほど、それは自らの身を守るためではなかったかと、わかってあげなければならなかったと思う。

大事なことは、生起した現象をもとに、誰が悪いのかのみにこだわるのではなく、なぜそうせざるを得なかったか、その要因として何があったのかを知ることである。「学校はこんな思いでした」と、ことが生じてから話したところで、それがうまく家庭に通じるとは限らない。だからこそ、日常的な意思疎通がやはり必要で、学校の対話力が問われるのだ。

結局、学校は子どもの問題行動の初期段階で適切な背景分析ができず、それをなにかのシグナルとしてキャッチすることもなかった。効果的な支援法を探し出せていないのだから、家庭にしてみれば的外れの対話を強要され、学校の都合ばかり伝えられることになる。それでは、双方の関係に緊張が走るのは当然であろう。しんどさを抱える家庭であればあるほどに、学校は丁寧にその背景に迫る作業をやっておかなくてはならなかった。

縦割りの弊害をのりこえ学校を福祉的拠点に

大人は縦割りで社会を理解している。ここからここまでは学校、それを超えれば福祉事務所、警察、児童相談所と、領域を分けて役割分担しようとする。それはそれでいいのだが、しかし、当事者の子どもたちはというと、親はというと、そういうわけにはいかない。法律によって守られていて、子どもたちにもっとも近い位置にある学校が、子どもや親に共感を示し、寄り添う姿勢が必要なのだ。「寄り添う」姿勢とは、忍耐強さだ。対話をはじめ、それが効果をあげるまでに時間は相当かかる。その忍耐強さが「寄り添い」だ。課題を抱えた家庭は、社会的には解決能力に欠ける非力なケースが多い。だから、子どもも親も自分の身を自分自身で守るしかないと思い込み、その表現のひとつとして非行行為や他者への攻撃性という威力を使おうとする。

子どもは常に連続性のなかで生きている。子どもが学校で問題事象を起こしたとしても、その原因が必ずしも学校内にあるわけではない。荒れの原因が家庭環境にあったり、学習塾で生じた人間関係の不和が持ち込まれたりもする。問題に対処する側が、縦割りの溝や切れ目に子どもや親を陥らせてしまい、結果的に重篤な事案に発展するまで発見が遅れるといったことを社会は繰り返している。就学する子どもに関しても、学校ほど情報を持ち、学校ほど情報に接近できる公的機関はない。子ども問題にかかわって、学校が担うべき役割が他機関に比べて大きいことをあらためて理解してほしい。

その学校が、子どもの背景に迫ることに臆病になっていたり、億劫になることは、子ども支援の立場から言ってほんとうにもったいないし、それができるように学校の先生たちを支えないといけない。学力をつけることだけが学校の役割ではない。学校は子どもたちを保護するところであり、自立に向けて後押しする福祉的拠点の役割も担う。いまや学校は、教育と福祉の両立が求められる拠点として、その役割を発展させる必要がある。

それを補完するのが、福祉事務所であり、児童相談所であり、警察である。子どもをめぐるすべての機関が横並びに連携すればいいというものではない。私は何度も児童虐待防止法に基づく要対協（要保護児童対策地域協議会）の会議に出てきたが、いずれの場合も、学校や私が把握する情報を会議で提供し、役所ができうる支援策について提案し、それを持ち帰ってもらう場となった。児童相談所の職員は黙々と聞き取ったことをメモしているだけで、会議に情報を提供することはほとんどないか、断片的なものだった。

にもかかわらず、一時保護された子どもがいつ親元に帰ってくるかを、事前に相談なく決めて通知したりした。私の対応したケースでは、学校への事前相談はなかった。学校が、家庭環境に変化が見られず、また同じような問題が生じる可能性があると話しても、すでに決まったことだとして通知した。持続的な見守りを続けると話す児童相談所に対して、どの程度の頻度で面談等を行うのかと問えば、一か月に1回か2回だと語った。

しかし、学校は週5回、子どもの様子を見守ることができる。学校に来なくても家庭訪問ができる。子どもが地域に帰ってくれれば、学校が見守り拠点の重要な役割を担う。しかし、結局は児童相談所の見立てが優先されるようで、要対協に効果を感じることはできなかった。

学校は子どもにとって大きな存在だ。だから、かかわり方をまちがうと、子どもに対して抑圧的になることもある。そのためにも、学校の機能を、子どもをめぐる複合的な総合支援の拠点にしていくための強化が求められる。そのためにも教員定数を大幅に改善しなければならない。

2021年度に、文部科学省はこの先5年をかけて、学級定員35人化をめざすとした。それは吉報だが、児童生徒減の状況から考えれば、35人学級の実現では現場に大きな改善感はない。教員定数の改善にもっとも大きな壁となっているのは財務省だ。財務省は教員ひとりの児童生徒数を16人程度であるとし、欧米の教員定数と遜色がないと反論する。しかし、これは過疎のまちの学校から、児童生徒増で校舎増築を急ぐ大都市のど真ん中の学校までを含んだ平均値であり、これを教員増を拒む論理に財務省は悪用している。教員標準定数法に基づく学級定員をさらに大幅に下げて、教員が増えたことを現場スタッフが実感できるような改善努力を求めたい。

また、学校の福祉的支援、心理的支援の要であるスクールソーシャルワーカーやスクールカウンセラーの正規職化は欠かせない。現在、その多くが期間任用職員制度にもとづく年度ごとの契約で、年収ベースで言えば、200万円から300万円の間ではないか。しかも、毎年の更新で職務にあたっているから、来年も携われるかわからない。このような処遇では、仕事に専念できるわけがない。来年はこの家庭に携われるかどうかわからないとなれば、活動は委縮する。また、人員配置も地域や市域で数名などというケースが大半で、地域コミュニティに深くかかわれる支援者になりきれていないことも多い。せめて中学校区に位置づいて、地域連携の要、幼保小中連携の要とならなければならない。

課題は多いが、学校が教育とともに地域の福祉の拠点としての役割も担う柱となることが必要だ。これからの学校の役割や可能性をふまえて、支援拠点としての学校の実情を正しく評価した上での制度改編が求められる。

第6章

対話力を培う

触れるべきか、触れるべきでないか

学校の家族調査票を見ると母子家庭になっているのに、大人の男性が家に出入りして週に何度か泊っていくなどの様子が、子どもを通してわかることがある。また、父子家庭になっているが、大人の女性が家に出入りして食事や外出をともにしているということが伝わってくるときもある。

大学卒業後、満22歳ですぐに教員になれば、この間に延びた定年まで勤め上げたとして、40年の長きにわたり勤務することとなる。その長い教員生活のなかでは、こうした事例に一度や二度は直面することになるだろうと、教職員研修で私は解説する。そう話すと、キャリアのある先生たちの何人かが、いつも大きくうなずいてくれるのが印象的だ。きっと頭のなかに浮かぶあの時、あの子どもがいるのだろう。

さて、教職員研修で先生たちに私はこう問いかける。「こうした事例に直面した場合に、当事者の母親なり父親にこの事実を直接に尋ねるべきかどうか？」

私は先生たちにどう思うかと問いかけるのである。先生たちの多くは、「学年の他の同僚たちと情報を共有しながら、しばらく注意深く様子を観察する」と答える。その判断はまちがっていないし、それが無難だと思う。

ただ、その解答では満足しないとばかりに、さらに私は積極的な答えがほしいと問いかける。時期の選択はあったとしても、保護者に直接このことについて触れるべきか、触れるべきでないかを先生たちに選択してほしいと求める。

この問いかけに先生たちは考え込む。回答はなかなか難しい。「保護者の内面に触れる敏感な質問であるために、どちらともかんたんには判断がつかない」というのが、多くの教員たちの答えだ。私はあえて葛藤を掻き立てるように問いかけているので、すぐに答えられないという答えはまちがっていないと共感を示しつつ、それでもあえて私は、保護者に投げかけるべきだと語り、家庭環境の変化について聞くことの大切さを説く。つまり、触れづらいことではあるが、このことについて母親や父親と会話すべきだと迫るのだ。

言うまでもないことだが、触れるにあたってはタイミングや聞き方に配慮が要る。やみくもに、とにかく聞けばいいというものではけっしてない。見守りながら最良のタイミングを見計らって、よく練られた言葉で触れることが求められる。ただ、そのように配慮を尽くしたとしても、ほぼまちがいなく言えるのは、保護者が怪訝な表情を浮かべることになるだろうということだ。「そんなことまで言わないとだめですか」と、尋ねた教員に反論してくるだろうし、それによって母親や父親との関係が一時的に冷え込む可能性ももちろんある。それぐらい難しい問いかけであることは言っておきたいと思う。ただ、それが危惧されたとしても、私は避けるのではなく、問いかけるべきだと説明する。

問いかけをやめてはならない理由

なぜそうまでするのか。その理由を説明するのに、次の統計を示して見てもらう。

２０２０年版犯罪白書から児童虐待の加害者の比率を見る。すると、父親等の割合が71・5パーセントと最も高いものの、殺人及び保護責任者遺棄では、つまり子どもが命を落とすような重篤なケースで見ると、母親等の割合がそれぞれ78・０パーセントと68・８パーセントで最も高かった。さらに注目すべきは、母親等のうち加害者が実母である割合が95・５パーセントと、ほとんどを占めている。それに対して、父親等の内訳を見ると、実父の割合は63・１パーセントとなり、実父以外の割合は36・９パーセントである。さらに、罪名の内訳を見てみると、父親等のうち、実父による傷害及び暴行が8割以上を占め、強制性交等及び強制わいせつが1割に満たなかったのに対して、実父以外、つまり継父や内縁関係の夫で見れば、傷害及び暴行で7割弱、強制性交等及び強制わいせつが27・３パーセントも占めていた。

私の経験から言っても、児童虐待が起こるときにはある傾向がある。それは家庭環境が大きく変化するときであり、家族関係における力関係が変化するときである。重篤な児童虐待における実母による加害率の高さに愕然とし、世にこんなにも「鬼母」が多いのかと落胆する人が出てきそうだが、それは違う。加害者の特異な性格からもたらされたものというよりは、普通の母親たちが虐待の加害者につくりあげられていく構造的な問題があるのだ。

もうひとつの統計を見る。内閣府が発表している就労人口における非正規率だ。２０２２年版から引用するが、全体の非正規率は36・９パーセントだが、この数値を下支えしているのは女性で、その率は53・２パーセント。それに比べて男性は21・４パーセントと女性の半分以下となっている。また、男性の場合、年齢が高まるにつれて非正規率が下がっていくのに対して、女性の場合はその逆で年齢が高まるとともに数値が上がる。

一方、このような統計もある。２０２０年の厚労省の調査によると、母子家庭１２３・２万世帯、父子家庭が18・７万世帯で、その数に約６倍もの格差がある。離婚時に子どもを母親が引き取る比率の高さを示している。少し前になるものの、もっとも直近の調査結果（２０２１年）によれば、母子家庭における母親の平均収入は２３６万円。ここから児童手当や児童扶養手当を引くと２００万円まで落ち込む。また、就労収入における中央値（収入を順番に並べたときのちょうど真ん中の数値）が２００万円だ。年収２００万円を下回る家庭の比率が半分以上だ。

母子家庭が明らかに貧困状態に陥りやすい。母子家庭の母親が非正規の仕事から正規に転換することや、もとの夫からしっかり養育費を受け取るなどによって、生活を立て直すということもできないわけではないだろうが、幼い子どもを抱えての正規職探しが難しいことや、養育費についても6割以上が「もらっていない」「もらっていたが現在はもらっていない」と回答している現実がある。養育費を受け取れない理由としては、「元夫とかかわりたくない」「相手に支払い能力がない」「相手が支払う意思を示していない」などがあり、取り決めそのもの、あるいは取り決めてもそれを実行することの困難さがうかがえる。ちなみに、父子家庭の場合は8割以上が「もらっていない」と回答しているが、その理由としては、離婚以前から正規職に従事し、一定の経済力を持っていることが考えられる。

母子家庭が生活困窮から逃れるために最も手っ取り早い方法は、家計を支えてくれる新しいパートナーとの共同生活を送ることだ。もちろん、人生の劇的な出会いによって、安心安全の幸せな家庭を築くこともあるが、困窮を経験し、「生活支援を得たい」に比重が置かれた状態での新しいパートナーとの共同生活は、経済を軸とした上下関係を家庭内に生み出しやすい。依存する、依存されるという関係で、不均衡になりやすい。

母子困窮を背景として

「知人から教えてもらった」と、私の携帯電話に緊急連絡が入った。その日の昼間に娘が逮捕された、という母親からだった。

さっそくその日の夜に面会した。娘の継父にあたる母親の再婚相手も同席していた。逮捕の理由は、学校での暴力行為だった。学校内での荒れに歯止めがかからず教員に対して暴力行為を行った。学校も非行行為が度重なったため、苦渋の判断として被害届を提出した。母親は私との面会中、ずっと泣き続けていた。ただただ自分が悪いと。その横で継父が慰めていた。

娘Yは鑑別所に送られた。その後、少年審判を経て、18歳までの保護観察処分が決まった。Yが鑑別所から戻ってくる際に、元の中学校には戻りたくないと語った。自らを警察に突き出した中学校には戻りたくないという気持ちは理解できた。母親もそれに応じた。一時、住民票を私の家において私の地元の中学校に通った。卒業まであとわずか3か月という段階だった。地元の中学校は事情を汲んで、協力を申し出てくれた。

中学校卒業後、進学はあきらめてフリーターになったが、非行行為は続いていた。実家で暴れた。保護者もそれを止められず、やはり警察を呼んだ。その日のうちに児童相談所に一時保護された。親はもう監護に自信がないと語り、児童相談所に行くことも拒み、面会はいつも私だけとなった。児童相談所には長くはいられない。しかし、行き先はなかった。とにかく次の行き先が決まるまでの間、相談所に保護され、私が面会に足を運ぶ時期が続いた。Yは、面会に訪れた私にもほとんど心を開かず、何も話さなかった。Yにとっては相談所も、少年院も、刑務所も、区別はなかった。Yは大人がよってたかって自分を厄介者扱いしているだけだと受け止めていた。会話らしい会話もなく、虚しい面会が続いた。

何回目だっただろうか、面会時のYの表情に変化があった。いつものとがった表情ではなく、一瞬ではあったが、ふだんは見せないさみしさをにじませた表情だった。ここぞとばかりに「Y、家に帰りたいのとちがう?」と言葉を向けた。すると、今まで見せたことのない表情を浮かべて、大きな大きな涙の粒を頬につたわせて泣いた。Yは16歳。手にするものは何でも容赦なく傷つける怪物みたいな子だったが、そのときばかりはYのほんとうの姿を見た。つるんとしたきれいな頬に涙の筋が幾重にも流れ落ちた。彼女は言った。「ママはうちのこと嫌い。ママはうちなんかいないほうがいいと思ってる」と。そこから、断片的な言葉だったが、彼女は自分の気持ちを語った。「ママはパパを選んだ。だから、私のことを嫌いになった」。「なんで、そう思うの?」と聞くと、「いつもママはそう話していた」と私に告げた。

断片的な内容だけではわかりづらかったが、その面会の様子を母親に告げると、Yの語りについて「そんなことはない。私にとっては大事な娘」だと反論した。でも、このような話もしてくれた。

前の夫から激しい暴力を受けた母親は、Yとその下の子を連れて着の身着のままで家を出た。Yが保育園の年長クラスのころだったという。所持金もないまま実家に帰ったが、実家でも折り合いが悪くなり、数週間で実家を出て親子三人の母子家庭での暮らしとなった。安定した職もなく、極貧の生活を数年送ったという。そんなときに出会ったのがいまの夫。夫はほんとうに優しくて、初婚なのに子連れの自分を迎え入れてくれたと、結婚までの経緯を話してくれた。案の定、夫の家族からは猛反対を受けたが、夫は親子絶縁を覚悟して結婚してくれたという。夫の実家との関係がようやく回復できたのは、夫との間に第三子ができたとき。Yが小学校高学年になったときだった。夫との子ができて実家に帰れることになったが、母親にとって夫の実家との関係づくりは難しかったという。実家に立ち寄る度に母親は緊張し、そのプレッシャーを義父母とは血縁のない長女や長男に向けたと、当時のことを振り返った。絶対に失礼があってはならないと。絶対におとなしくするようにと。なにか齟齬があると、長女と長男に強くあたった。年長の長女には理不尽な怒り方をしてしまったと当時を振り返った。Yがとぼとぼと話していたのは、まさにこのことだったのだ。「ママはうちのこと、いないほうがいい」とYの流した涙の理由がわかった。

母親の頭の中にあったのは、夫との関係を良好に保つことだった。自分のような事情を持つ女性を生涯の伴侶として迎え入れ、生活を支え、生きなおしの機会を与えてくれた夫を大事にしなければと思えば思うほど、長女へのあたりが強くなり、そのうちに長女は親への反発を強めていった。荒れるにはやはり荒れるなりの理由があった。

母子家庭は生活困窮に陥りやすい。これは本人の能力の問題でも、努力のなさが要因ではなく、構造上の問題なのだ。両親がいる家庭を標準モデルとし、親ひとりでも困窮せずに、子どもをしっかり育てられるという社会システムが成立していない。もちろん、経済不況や就労の非正規化の流れを見ると、両親がいて共働きでも生活に余裕がないと語る家庭は多い。総理大臣自らが、「自助、共助、公助」の順番で語るぐらいだから、自己責任論が日本社会に横行し、格差の広がりが社会のみならず家庭のなかにも歪みをもたらすことはもはや珍しいことではない。

言わば、私たちが日々向き合うなかに、社会構造上の不安定要素を抱えながら生きている子どもたちがいっぱいいる。学校が教育のみならず、子どもたちの命と安全を守ることにも役割を果たすところだとするならば、過剰に負荷を背負って生きる子どもたちからのシグナルを受けて、家庭に何かの変化がもたらされるタイミングを見逃さずに、保護者と会話し、その不安を共有し、子どもを、親をどうすれば支えられるかを、チーム学校の課題として備えておかなければならない。

「お子さんから聞いたんですが、もしかしたらお母さん、新しいパートナーがいらっしゃいますか？」これは、なかなか言える質問ではない。もちろん、プライバシー侵害だと反論されても仕方のない迫り方だ。実際にこんな露骨な質問はしないまでも、目的は新しいパートナーとの共同生活が始まっているか、始まろうとしているかを聞き出そうとしていることに違いはない。すでに触れたが、聞き方がどうであれ、10人中８人、９人は不快な表情を浮かべるだろうし、反発もされるだろう。でも、重ねて言うが、子どもの人権のほうが重要だ。家庭環境に大きな変化があり、それが子どもの人権にマイナスをもたらすことが予想されれば、やはり予防線をいくつも張っておく必要がある。もちろん、保護者の人権も大事だから、その両立を図るために、教育支援に携わる私たちは配慮の十分に行き届いた言葉を選び、相手の心にこちら側の考えがしっかり届く言い回し、表情の作り方も含めた対話法が求められる。敏感な個人の内面に関わって話す際に、丁寧にその意図を伝えるため、対話力はやはり絶対に欠かせない。

「ご家庭に何か変化があったときに、多感な時期でもあるお子さんの心が揺れて不安定になることもあるでしょう。そんなときに、私たち学校は絶対にお母さんの味方になって、お子さんをしっかり支えてあげられたらと思っています。踏み込んだことを聞いて不快な気持ちにさせてしまって申し訳ありません。でも、お子さんのことでも、生活のことでも何でもいいので、学校にぜひご相談いただければと思います」と、教員は当事者に言い切ってあげてほしい。

自立するってどういうことだろう

私は、子どもたちを対象にした学校講演に呼ばれる機会も多い。そのとき私は、子どもたちに「自立ってなんだろうか」と問いかける。時間があるときには、マイクをもって子どもたちのなかに入っていき、何人かの子どもたちに答えてもらったりもする。時間がないときは、かつて講演で答えてもらったエピソードをもとに、子どもたちの多くが考える「自立」とは何かの答えを共有して、その場にいる子どもたちとともに考える授業を展開する。

「自立とは何か」の問いかけに対して、多くの子どもたちは「一人で暮らすこと」「親元を離れて暮らすこと」「働いて経済的に独り立ちすること」などの答えを返してくれる。どれも正解であり、子どもたちの回答が意外に奥深いものであることにいつも感嘆する。その上で、せっかく講演に招かれたので私の意見も述べておく、としてこう解説する。「自立とは、問題を解決する能力を持つことだ」と。

子どもたちよりも少し（？）いや、かなり長く生きてきた立場から人生を振り返ると、生きるとは困難の連続であり、その困難も「一人で解決できること」よりも、むしろ「たった一人では解決できないこと」のほうが多かったと説明する。「たった一人で解決できること」とは、例えば財布をなくしたケース。警察に届け出る。少額ならばお金はあきらめてしまおう。でもカードなどは悪用の危険性があるので、機能をストップさせる必要がありカード会社に急いで連絡する、などの解決策だ。

では「たった一人では解決できないこと」とはどんなことか？　例えば、学校における人間関係だ。私は、講演を聞きながら、実は仲良しのあの子とここ数日関係が悪くなり、そのことに落ち込み、講師の話も耳に入ってこないという子も、このなかにいるのではないかと問いかける。なぜ、あんなに仲良しだった子と口もきけなくなったのか、いろいろ原因を考えてはみるが、なかなかその理由がみつからない。たしかに、数日前にものの貸し借りによるトラブルがあった。あったのはあったけれど、それにとどまらず、思い出せばここ数週間、いろいろな意見衝突があって、いっしょにいてもあまり楽しくなかったなどと振り返っている子もいるのではないだろうか。口もきけないようになると、なかなか当事者どうしの話し合いだけでは関係の再生は難しい。だから、やはり第三者に助けを求めたほうがいい。いやいや、場合によっては、もうこのままでもいいなどと投げやりになってしまうケースも出てくるかもしれない。それにしても、誰か第三者に話を聞いてもらいたいし、解決できるならば第三者の力を借りたいと思う人は多いだろう。でも、複雑に感情が絡み合っているし、かなり前までさかのぼって経緯を説明しないといけないとなれば、これまた手間のかかる作業だ。第三者に状況を正確に伝えること自体が難しいだろう。

言い換えれば、正確に伝えることができなければ、適切な援助をもらうことは容易ではない。せっかくの第三者の支援が結果的に的外れとなってしまったり、またはトンチンカンな結論となってしまって、解決につながるどころか、関係が悪化することにもなりかねない。そもそもめごとの解決にはそれ相応のエネルギーが必要で、うまくいかなかったときの自分自身へのダメージも小さくない。結果的に「やめとけばよかった」「もうしんどい、もうどうでもいい」と投げ出してしまうこともありうる。第三者の力まで借りて解決したいと思った問題解決の過程で、なんら進展が見られなかったときのむなしさは決して小さいものでない。自分が困難な状況に処していればいるほどに、解決することの困難さも大きくなるというわけだ。

「対話力」とコミュニケーション

「たった一人で解決できること」よりも「たった一人では解決できないこと」のほうが圧倒的に多い。でも、親や学校の先生に力を借りるにも、友だちに助けてもらうにしても、あるいは弁護士や役所に支援を求める場合においても、やはり自らが直面している状況を具体的に、正確に、丁寧に説明することができなければ、適切な支援を受けることが難しい。だから、自分の気持ちを正確に伝えるための訓練が日常的に大事だと強調したい。問題解決への能力が高めるためには、感情的にならず、順序立てて、論理的に説明できるちからが必要だ。こうした問題解決力を備えるために絶対に欠かせないのが「対話力」だと私は考えている。

ならば、どうしたら「対話力」は備わるのだろうか？

問題を抱え、他者との関係に疲れてしまって内向的になったり、それが後遺症となって人との関係づくりに負担や緊張を抱くようになったり。とくに、社会全体に寛容性がなくなっているとも言われる昨今、失敗をしても必ず誰かが救ってくれるという安心感を持てない人が増えている。失敗しないためには集団に同調し、挑戦しないほうがいいと無気力を選択する人も目立つ。そうなれば、他者との関係性は深まるどころか、はなから関係を持たないという状況にもなる。そのため問題を抱え込んでしまって、まわりが気づいたときにはかなり重篤な状況になっていることもある。

日本語のコミュニケーションには、「察する」「汲む」「慮る」という文化がある。それはそれで重要で、それによって救われることもあるし、人を救うこともあるだろう。ただ、私はそうした文化に消極的な評価しか持っておらず、何よりもそれが成り立つのは、文化的同質性が担保されてのことだ。いや、文化的同質性の担保があったとしても、ほんとうに他者の気持ちを「察する」「汲む」「慮る」ことがそう簡単にできるのだろうかと、私は本質的に疑っている。

「いやいや、みなまで言わなくても君の気持ちはよくわかっている。だからそのぐらいで留めておいたほうが君にとってはプラスなんだ」。

「察する」「汲む」「慮る」などそんな簡単にはできるものではない。本来はもっとちゃんと聞くべき話なのにもかかわらず、周辺がわかった気になって最後まで誤解している。ほんとうは言いたいこと、言うべきことがまだあるのに、話の途中で「まあまあ」とごまかされ、まるで話し合いが終わったかのように扱われる、などのケースはなかっただろうか。いちばん大事な話を宙ぶらりんにしたまま場をおさめること、「空気を読むこと」が優先され、そのときの雰囲気に同調を強いられ、ほんとうの気持ちを誰にも言えず、心の奥底に抑え込んでしまっている。そんな人はいないだろうか。

他者の気持ちを理解するなど容易ではない。だから、まずは話しきること、聞き切ることが大事なのだ。

「他者の力を借りてしか解決できない」ような問題に巻き込まれたら、解決への模索に失敗は必ず伴うものだと理解したほうがいい。それによってダメージを受けて、何度も言うが内向性への入口になったりする。でも、そこで私は子どもたちに言う。「対話力」とは結局、失敗することでしか磨かれないのだと。

問題解決のための話し合いの最中、必死になって話し、伝えようとするが、いい表現が見つからず、言いたいことがまとまらないうちに、話し合いが終わる。もやもや感を抱えながら、しばらくすると、やっと言葉が浮かんできた。「ああ、あのとき、私が言いたかったことは、ほんとうはこうだったのに」「あのとき、こんな言い方をすれば、より正確に伝えられたのに」と、とても悔しくなる。涙が出たり、夜寝られなかったりする。でも、「あのときこう言えばよかった」という振り返りは、対話力を豊かにするため欠かせないことだ。再び同じような場面に出くわしたときの想定問題がすでに頭のなかにできていて、かつてはできなくて悔しかった言い回しや表現がすっと頭に浮かんで使えたりする。そうしたくり返しを通して、自らの気持ちを表現する方法が増えていく。

私の短い経験で言っても、対話力とは問題解決力であり、問題解決力とはまさに「自立」であるとする意味がそこにある。あえて失敗を怖がらずに、対話はむしろ重ねるべきで、うまく言えないことを繰り返すことで表現は広がり、豊かになっていく。

そこで私が子どもたちに提案するのは、「察する」も「汲む」も、そして「慮る」もない、わかりあえるためには、ただただ「言葉」を駆使し、丁寧に語るしかない相手とこそ、みなさんは出会わなければならないということだ。つまり、文化的同質性の輪のなかにいるのではなく、自分とは明らかに違う背景を持つ、自分とは明らかに違う文化を持つ、歴史観も社会観も違う相手とこそつながって、「察する」も「汲む」も「慮る」もない、「言葉」という手段を唯一の頼りとして語りあうしかない。そんな人びとをみなさんは友人や知人に持ってみようと私は提案する。

そうした存在として私が役に立つならば、喜んで友人、知人になろうとも呼びかける。私は在日コリアンとして日本社会では少数の立場に生まれた。被差別の体験もあり、多数者とは違う視点から日本社会を眺めてきた。この私の特殊な生い立ちや経験がみなさんの役に立つならば、いくらでもお手伝いすると締めくくる。

私による子どもたちへの「自立」の問いかけは、かなりインパクトがあるようで、講演後に寄せてくれる子どもたちの感想文には、自分に置き換えて語ってくれている内容が目立つ。一方、これは子どもたちへの問いかけに留まらない。子どもたちと一緒に聞いている教員たちの胸にも届けばいいなと思いながらいつも話している。

課題が複合的だからこそ

しんどさを抱えた子どもや親との関係づくりは、学校からの一方通行、あるいは教員主導型ではなかなかうまくいかない。なぜならば、しんどさの内容が常に複合的であるからだ。生活貧困、性差別、労働搾取、家族離散など、当事者が問題解決力を著しく低下させている状況で、学校側から望む関係性を求められてもうまくすすむとは思えない。しんどさを抱えている家庭との信頼関係は、小学校6年間の、中学校3年間の、高校3年間の粘り強い対話がとにかく命だ。そこで求められるのは教員の聞く力であるし、話す力だろう。

相手の置かれている状況を断片的な言葉のなかからでも想像し、見えてくる生活の混沌や家族内の緊張度を理解し、その上で今後の生活の見通しづくりや解決に向けた順序を整理してあげること、また、専門的な窓口につなぐこと、学校がもっとも安心で安全な場所であることを実感してもらうことが、対話のめざすところなる。もっとも安心で安全な場所を、私はサンクチュアリと呼ぶ。つまり、学校はサンクチュアリでなければならない。

教員たちに対話力はほんとうに欠かせない。多様な背景を持つ人びとと出会って、「察する」も、「汲む」も、「慮る」もない、唯一丁寧な「言葉」のみが対話の手段である人びととこそつながって、表現の豊かさを磨いてほしいと思う。そのためにも、教員たちはいろいろな現場に出向くことが大事だ。読み書き教室や生活困窮者の炊き出し、戦争被害や被差別の人びとからの聞き取り、生活相談会でボランティア相談員を務めてみるのも大事だ。

教員たちが対話術の引き出しをいくつも持っていること。それは今後ますます必要となってくる。それを充実化するための研修企画を教育委員会が企画立案することが何よりも大事だ。教員の研修といえば、まずは教科指導や学級指導、また新しく導入される教育課程についての研修が浮かぶだろうが、それらにも劣らない重要なものとして、多様な当事者と出会うことを目的とする研修を提案したい。その機会としての網羅的な人権研修の企画、調整を望みたい。私の地元・

大阪、関西では、人権研修はそれなりに充実していると考えるが、他府県はどうか。域内に同和地区のある自治体と、そうではない自治体でも、対応がかなり違うようだ。同和地区があり、民間とも連携しながら反差別教育、人権教育に取り組んできた自治体では人権研修の講座数も多いようだが、東日本では人権教育の必要性への理解そのものが低く、人権研修そのものが位置づいていない自治体も多いと聞く。それは教員養成課程においても同様で、必須科目に人権論や人権教育論の講座を開設している大学はやはり関西に集中しているようだ。

学校で学ぶ子どもたちは今後ますます多様化していく。新型コロナウイルスの蔓延により、海外との往来が困難となり在留外国人数が減少したが、もはや増加へと転じている。日本のみならず全世界で、再び人の往来が活発化しているのだ。人口減少時代を迎えた日本において、経済力維持のために海外からの移民受け入れは避けて通れない。都市部中心であった海外からの子どもの受け入れは、もはや郊外、農漁村においても珍しくなくなってきている。さらに、社会のなかで格差が広がり、経済困窮を抱える家庭の数が膨らんできた。性的な少数者への存在についても社会はようやく目を向けるようになり、教育支援の課題として取り上げるようにもなってきた。また、少人数学級で指導が受けられることへの安心感から、特別支援学級への入級児童生徒も増えている。人権教育や教員に対する人権研修が、地域的に格差があることは問題と言える。

子どもたちだけでなく、教員たちの多様性も進んでいる。１９９２年から全国都道府県と政令市で外国籍教員の採用が可能になった。大阪府、大阪市はそれに先駆けて門戸を開放していたため、政令市を含む大阪府内の公立学校で採用された外国籍教員は２００名を超えている。大阪が突出して多いものの、他府県においても徐々に外国籍教員の採用数は増えている。また、教員のなかにもトランスジェンダーがおり、障碍者もいる。大阪には全盲の教員が勤務している。

そうした多様な背景を持つ教員によってチームを構成しているのが学校の総合力なのだ。文化的同質性を前提とした組織づくりは意味がないし、同調圧力を強要するような組織マネジメントはかえって学校の力を減退させる。学校のなかで、多様な背景を持つ教員たちが自らのオリジナリティーを磨き、むしろ学校のなかに多様なスタッフが位置づいていることを強みとする組織づくりが求められる。それぞれの持つ複合的な視点から子どもや親への見方を出し合って、学校内外に「対話」をもって選択肢の幅を広げていくことが、学校を強くする方法なのだ。

第7章

人こそ宝だ

本章は、東日本大震災発生から二か月の時点でまとめた教育への提案である。

東日本大震災からの復興に取り組む

東日本大震災から二か月が過ぎた。依然としてきびしい環境下にある被災地だが、そうしたなかにおいても、被災者たちが互いに協力し合い、生活復興に向けて取り組む様子が報道されている。

自治体、地域、個々人の生活復興への試みが進展を見せる状況から見れば、日本政府の役割は、行方不明者の捜索や大きなインフラ整備に加え、当事者の生活復興に可能な限り沿ったかたちでのきめ細やかな公的支援にいっそう取り組むことであろう。焦点となっている経済的支援については、不正受給や融資の焦げ付きを心配するあまりに手続きが煩雑化しがちだが、ここは簡略的な申請で対応できるよう、国の制度の柔軟な運用が求められる。

震災後の5月1日、NHKスペシャルが取り上げた岩手県重茂漁協の取り組みは、今後の産業復興のモデルケースとなるのではないかと思われ、興味深かった。重茂漁協は組合員全員による協議会を開催し、漁協が資金調達して組合員には一切の経済的負担を求めないこと、その代わり操業可能な漁船を組合全員で順番に活用し、水揚げの利益を組合員全体で配分することなどの提案を行った。分配による組合員への生活支援を優先する内容だ。組合員は全会一致でこれを承認した。これにより、漁協は自主財源以外の不足分約16億円の資金調達にむけて最善の努力を尽くすことになった。全財産を失った漁師も多く、当初かなりの人びとが漁港を離れるのではないかと心配されたが、漁師たちにとって最も身近な漁協が、具体的な生活支援策を提示したことによって、組合員たちは安堵し、展望を持てたことで離職者を最低限にとどめることができたと伝えていた。

政府は、こうした住民共同体こそを復興に向けた足がかりであると位置づけ、このケースで課題となっている資金調達にできうる最大限の支援を傾けるべきだろう。重茂漁協による復興に向けた試みは、他の産業や企業体においても参考になり、被災者たちがこれまで従事してきた産業に引き続き関われる見通しを示すことで、地域社会の再起にも役立っていくだろう。災害復興のロールモデルとなりうるものだ。

いま、被災地の復興、地域社会の再建、産業の再起など、何重にも重なり合った課題を同時に乗り越えていくためにも、平時の行政の役割を超えて、被災地への果敢な支援が求められる。そこにおいては、あくまでも当事者主権に機軸を置き、当事者の回復力を支える公のあり方を柔軟に示すことが必要だ。

多様性教育を被災地域に

２００７年から実施されてきた文部科学省による全国一斉学力調査において、東北圏は全国平均を超える傾向にあった。それらがどのような背景によるものであったのか。２０１０年度以降の学力調査方法が変更されたため、必ずしもその分析は詳しくなされていない。ただ、生活環境によって学力は影響を受けるものであることを思えば、東北の子どもたちが学ぶ意欲を維持し、学校や家庭がそれを懸命に支えてきたことを示しているならば、復興はその環境の回復にも結び付けられなければならないだろう。

一方、学校教育においては常に「学力とは何か」をめぐって熱い論争が繰り返されてきた。受験に有利となる教科書の内容を暗記するだけの狭小な学力観をもとに、子どもの教育を、子どもの心身の発達を測ることは望ましくない。「生き抜く力」や「創造する力」は、必ず点数で現れてくるとは限らないからだ。

本章で示す私の提案は、東日本大震災からの復興にあたって、東北を「人間の力を信じる多様性教育」のモデル地域に創り変えてはどうかというものだ。学校教育は、他の行政に比べても中央集権制が強いとされ、学校設置の基準や学校教職員の配置など法律で縛り付けていることが多く、学習指導要領を超えるような教育内容における独自性もあまり重視されてこなかった。高度経済成長に必要な良質の労働力を供給するという産業界からのリクエストをもとに、均質で画一的な学校教育が目指されてきたためだ。いわば、学校が地域の学びのセンターではなく、産業界や霞ケ関の末端に位置づいてきたと言えるのではないか。もちろん、地方行政の分権意欲の問題もあり、地方教育委員会を自治にもとづいてどう機能させていくのかということも同時に考察される必要がある。

どちらにしても、トップダウンの学校教育政策という側面は否めず、その証拠に学校の授業時数は、学習指導要領の見直しごとに約10年単位で増えたり減ったりを繰り返している。

大震災の前年に、宮城県の大学に講演で呼ばれた際、興味深い話を聞いた。私を招いた教員が、学生たちを前に「もはやこの子たちと祖父母との間で、言語の共通性が損なわれている」と述べた。おおよその場合、祖父母世代、すなわち義務教育が完全実施されていない時代に幼少期を経た世代が、母語ではない標準語に近い言葉を使って若い世代と対話し、東北独自の方言、東北語は若い世代に引き継がれずに衰退の途にあると教員は指摘した。

もちろん、そうした傾向は東北だけに留まらない。しかし、東北の厳しい天候からもたらされた歴史と文化、そしてそれによって培われた気質、方言も含めて日本の多様性を象徴する東北学の見地から言っても、東北でさえそのオリジナリティーが東京発の均質な文化にのみ込まれつつあるとすれば、深刻さを感じずにはいられない。有史以来、独自の発展を遂げてきた東北が東京発信の文化によって均質化されていくことは、もはや日本内部の多様性は存在そのものが脅かされている危機の状態だと言えるのではないか。

私は、未曾有の大震災を経験した東北の人びとが、一日も早く被災地の復興、地域社会の再生、産業の再起をめざしてほしいと考えているが、その過程ではぜひ東北の独自性を復活させ、多様な文化的アイデンティティによって日本社会は成り立っているということに、もう一度価値を見出すものであってほしいと考えている。

被災地の復興のなかで被災者たちが見せている回復力。大きな苦難と悲しみを背負いながらも、今日を、明日を生きようと懸命に取り組む人びとの姿から、人間が本来持つべき回復力とは何かという本質的な問いへの答えが見出される。長い間の経済不況に端を発した社会閉塞から、若い人びとが生きる方向を失い、将来展望を見出せずに沈んでいた日本社会において、被災地の人びとのそうした姿は、むしろ非被災者を励ましてもくれている。困難が人びとをより強くするということが真実ならば、私たちは被災地の人びとからそれに気づかされているとでも言えようか。生かされたのだと自らを奮い立たせる被災地の人びととの明日にかけるまなざしや生き抜きたいとする意欲に触れるたび、人や社会とはどうあるべきかを問われているのは、被災地を眺める私たち自身であると考える。

人を育てる、教え学ぶ、自己を実現する、すなわち「人こそが資源だ」という人間観や社会観を重んじる社会に生まれ変わる必要がある。被災地の復興を通して育ちや学びの意味を捉えなおし、東北の人びとによる社会創造の挑戦から教訓を得たいと思う。

被災県に学校教育の権限委譲を

東日本大震災では、学校で被災した子どもたちも多かった。本来安全なはずの学校ですら、地震と津波によって壊滅的な打撃を受け、多くの子どもたちが犠牲になった。また、両親を失った震災孤児も１３０名を超し、その後もまだ増えていると聞く。震災後２か月を経て、ようやく被災地での学校授業が再開したが、当面まだ通常授業が難しい被災校も少なくない。施設被害とともに、学校が重要な避難所になっているために、学校再開が大幅に遅れているところも多い。

学齢期の子どもたちにとって学校の存在は大きい。昼間の大半を学校で過ごし、昼食で栄養を補給し、知的蓄積とともに仲間たちと走り回ることでもたらされる体力増進、加えて集団生活で繰り返される人間関係づくりなど、学校教育が担っている役割は多岐にわたり、幅も広い。そうした学校が、子どもたちの居場所として機能していない間は、子どもたちにとっての生活再開はまだまだ遠いことを示す。

新学期に入り1か月が過ぎようとするなかで、通常授業の延期などによる子どもたちの学力遅延も心配される。日本の学校制度は学齢主義に立脚しているので、通常の教育課程に遅延が生じたとしても、年齢があがれば学年も自動的にあがっていく。もちろん、長期休暇の短縮などによる授業時間の追加や補充授業などで遅延の回復措置も取られるが、学校教育における学齢主義の原則は、7歳になる年に小学校1年生となり、そこから年齢を重ね15歳になった年に自動的に義務教育課程を終えるように設計されている。学力の補充支援もそこからはみ出ることはありえない。

私は、新しい学校教育像を東北の被災地から探しなおしてはどうかと考えている。いわば、不足する教育内容を便宜的な補充授業によって埋め合わせ、子どもの学びの習熟よりもまずは進級させることを優先する学齢主義を克服し、習熟不足はもちろん同じ単元を再び学び直すことができる生涯教育型の学校教育像を目指してみてはどうかと考える。

学校の教室には、通常最大40名まで（当時）、全員同じ年齢の子どもが机を並べて学ぶことになってきた。法律に定められた一学級当たりの児童生徒数はＯＥＣＤ加盟国の平均よりも多く、限られた時間内に単元を終えなければならないという使命を帯びた教員は、大量の児童生徒に知識を注入していく、一方通行の授業手法をとらざるをえなかった。子どもたちがすべての授業内容に意見を表明し、ディベートすることは不可能で、授業中はとにかく黒板書きに忙しく、教員の指導に集中できる子がよくできる子とされてきた。

社会の多様性がさほどでもなく、だいたい似たような生活状況にあり、学校内外で強い共同体意識が見られた時代は、一学級当たりの定員が40人以上であっても、授業は可能だったであろう。いやその頃でも、すし詰めの教室で授業についていけない子どもはいたのだが。

時代は変わり、核家族が主流となり、人間関係も希薄化した社会になっている。40人定員の学級はあまりにも多く、実際に多様な価値観や生活形態にある子ども、親との関係づくりに苦しむ教員は多い。いや核家族化社会で育ち、希薄な人間関係をもとに成人まで成長した教員も多く、子ども、親との関係づくりにつまずき、かつそのつまずきを率直に同僚や管理職に相談できないケースも少なくない。社会問題化する学級崩壊の原因にはこうした背景も含まれる。

いま、学級定員のあり方を大幅に見直し、学校に教員を増やし、子どもや親に余裕を持って対応できる制度整備を行う必要がある。より丁寧に学ぶことができ、教員が子どもとしっかり向き合える学校教育をめざしてはどうかというのが私の提案だ。

被災地では、災害後学校再開のめどが立たないなかで過ごす子どもたちに加え、避難所を転々とする子どももたちも多い。学用品のすべてを失って、過去の学びの記録が消えてしまった子どももいる。被災地の子どもたちが安定した環境下で学びを再開するには、いずれの場合も相当に時間がかかる。こうした被災地の学校教育の復興に向けて、政府はまず2011年4月末に被災4

県に383人の教員加配を措置することを決め、今後さらなる増員も検討することを表明した。被災県では、その措置を活用し、臨時講師の任用や他自治体からの教員派遣を受けたいとしている。5月9日、東京都の教員61名が1年間の期限で被災地に派遣され、子どもたちのケアや学校復旧に向け支援にあたることとなった。

震災加配は、他の震災においても実施されているが、最も大規模に行われた阪神淡路大震災でも最大207人だった。震災加配もまたこれまでにない規模になった。阪神淡路大震災に伴う教員加配は、一定の成果をおさめたことを理由として震災15年目に廃止されたが、今回の東日本大震災への教員加配については恒久化する必要がある。いや、教員定数を完全に国から被災県に権限委譲し、それに伴う財源も譲渡し、被災県教育委員会が学級定員を弾力的に判断できることとした上で、教員定数の増減を独自に決められるようにする必要がある。そうすることで被災地の学校では、複数担任制や習熟度別の教科指導が可能になり、教員の数が増えることで、被災した子どもの状態を教員ネットワークの輪のなかで余裕を持って見守ることができるようになる。

また、教員の業務軽減が進むことで福祉や医療機関などとの地域連携も円滑に進むことになり、子どもの成長を左右する家庭状況の把握や支援に向けて積極的な関与もできるようになるはずだ。

「学び直し」の学校改革

教員が増えることによって叶う学校改革の、もうひとつのアイデアを提案したい。学齢主義を撤廃して、課程主義を導入することである。課程主義とは、どの単元をどの程度理解したかをもとに、本人が希望する場合、あるいは習熟不足が見られた場合、もう一度同じ単元を履修できるとするもので、学年そのものを柔軟化する試みだ。単元を学び直すとしても、学年を固定化した状態では、まさに「留年」のイメージがつきまとう。再履修者の精神的抵抗感は大きいだろう。

だから、学年の捉え方を柔軟化して、この授業では6年生の算数だが、この授業では5年生の国語で学びなおしというように、むしろ子どもが選択できる授業形態を実施する。高校で導入されている単位制のような形態だが、義務教育課程を現在の9年から11年程度までに終えればいいこととし、苦手な科目や単元を再履修することを学校が後押しする。教員増に伴って複数担任制や習熟度別の教科指導が行われるようになれば、子どもは少人数制によるきめ細かな指導を受けられることになる。

昨今、大学生らの低学力化が社会問題化しているが、少子化によって学生数が減少し、進学希望者の大学全入に近い様相があること。また、人間関係の希薄化時代にいまだ40人定員の教室を拠点に昔型の一斉指導を行い、授業進度についていけずとも、自動的に学期だけはすすみ、学年進級だけが積み重ねられていく現状。大学生の低学力化問題は人口減少という社会構造の問題ともに、小中高校時代につまずきを抱えたまま大学生になってしまうことの両方に関連している。それは、学力の細分化が進んだ高校進学においても同様で、少子化によって定員確保に忙しい高校や大学が、基礎学力も備えられていないだけでなく、そもそも学びへの自尊感情を欠いた若者たちの教育支援を担わされているかっこうだ。学業は続けられているが、いったん乗ってしまえばベルトコンベアのようにそのまま社会に押し出されていくプロセスでしかない。そこから発想や発明が生まれるわけがない。

学校そのものへの大幅な制度改革を実施し、義務教育を弾力化し、できる子は9年で、つまずきを抱えた子は最大11年まで学び直せることとし、狭い範囲の学力だけではなく、学ぶことに時間的余裕と教員増による手厚い支援によって、学びへの喜びを持つ子どもたちを育んでいく必要がある。学ぶことに喜びを見つけ出した子どもたちは、自らの探究心を発揮し、より高い知識へと好奇心を磨いていく。

ＯＥＣＤのＰＩＳＡ（国際学習到達度調査）で常に高い順位を占めてきたフィンランドでは「学び直し」が行われている。まさに学齢主義ではなく、課程主義に立脚している。「学び直す」、すなわち「留年」が恥ずかしいことだと捉えられていない。

学ぶ喜び、自尊感情を生み出す学校像

教員増と義務教育の弾力化に伴ってもたらされる余裕を活用して、学校や地域ごとに特色ある学びを創造していく。そのための提案もしたい。他地域には見られない経験と知識を持つ子どもたちを独自に育んでいく試みをすすめよう。ここで重要なことは、学び方は多様であり、それをどのようにサポートしていくのかが学校教育の役割であると捉えなおすことだ。

災害が多発化するようになり、いずれの被災地の子どもたちも、大きな困難を乗り越え、生き抜こうとがんばっている。まさに困難が人をより強くし、自立心を持った、支えあう関係の大切さを実感した子どもたちだろう。ある子どもは、将来の夢に「地震をなくすために働きたい」と書いた。またある子どもは「レスキュー隊に入りたい」と書いた。傷つきながらも、与えられた環境の下で必死に生きていこうとする子どもたちの様子が見えてくる。あるいは、激しい津波に飲み込まれた被災地においても、子どもたちは、遊びを再開させている。子どもたちにとって「遊び」とは「学び」そのものを指し、遊びながら学ぶことが被災地の厳しい現実の中においても繰り広げられている。

この学びを学校教育は無駄にしてはいけない。「学び」がまた再び教科書のフレームに吸い込

まれていくことは避けなければならない。被災地の子どもたちの「特別」な経験が、標準化された既存の学校教育に沈みこまないようにしなければならない。被災県における教育課程を自由化し、学校のうちとそとを分かつことなく、子どもたちの生活に学校教育があわせていく試みを提唱したい。そうした試みには、産業界や霞ケ関の末端に位置づく学校を解放し、学校を地域における学びのセンターにつくりなおすことが求められる。

学校など公共施設で数か月にわたり避難生活を送っている被災者にとって、プライバシーのない避難所生活は限界に達しつつある。比較的に共同体意識が強い地方部での震災とはいえ、一日も早く家族だけで過ごせる空間がほしいというのは当然の願いであろう。そうしたこともあって、仮設住宅の建設が急がれる。ただ、仮設住宅の入居にあたっては、阪神淡路大震災の経験を踏まえたい。元の居住地から離れた仮設住宅に入居したことで、地域共同体から切り離されてしまったり、高齢者や障碍者を優先入居させたことで、高齢者や障害者家族だけの仮設住宅地域が生まれたりした。仮設住宅の建設と入居計画においては、共同体の自立的な支えあう関係の重視に関心を向ける必要がある。

阪神淡路大震災では、仮設住宅への入居にどうしても条件が合わず、避難所生活が長期化し、避難所の廃止に伴って退去を求められる被災者も少なくなかった。避難所が学校施設の場合、子どもたちの願いである学校生活の再開に避難所の閉鎖は重要とされ、教育委員会がそれを優先させたいと考えたことは理解できる。ただ、被災者の避難生活の長期化にもやむをえないものがあり、そのどちらを優先すべきかの判断ではなく、両方をうまく共存する方策を模索することはできるのではないか。

学校がこれまでの学校像をベースに考えるのではなく、多様化する社会が直面している困難を受け入れ、共存、共生の試みを重視することは大切ではないかと考える。授業の再開にあたって、どうしても被災者に移動してもらわなければならないケースは出てくる。その際、学校が「教育」だけではなく、「福祉」「医療」「介護」の混在型の地域の総合コミュニティセンターの役割も担うと考える方法もある。

そもそも行政の縦割りのために、行政別の施設区分が生まれただけで、住民の立場から言えば、最も使いやすい地域の総合施設のひとつとして学校がある。最近では、それを前提に設計しなおしたり、活用法を模索したりするケースも生まれている。

学校の教育以外の活用法が加わり、教室が不足する場合、学びの場を他の施設に求めるという手もある。地域の病院で行われる授業、ショッピングセンターの広場で行われる授業、保育所で行われる授業などだ。あるいは、習字の授業に、体育の授業に、地域のおじさんやおばあさんたち、それこそ避難されている方々が参加する。算数の授業に被災者がサポーターとして加わってもいいのではないか。

これまでの学校では、授業に第三者が加わることを負担視する傾向が少なくなかった。誰が負担視したのかと言えば、教員たちであった。授業への介入がもたらされはしないかとの心配であった。学校教育の新しい姿を描きだすとき、この負担視が障壁となり、既存の閉鎖的な学校教育へと揺り戻す反動が起こる可能性もある。しかし、授業者、すなわち教員が教えやすい環境から、子どもたちが学びやすい環境へとパラダイムを転換させる必要性は、被災地のみならず日本社会全体に高まっているのではないかと思う。

壊滅的な打撃を被った東北の学びの場から、これまでにない創造力豊かな教育を生み出してほしいと考える。

第8章 コロナ禍と子どもたち、そしてその後

そのとき何が起きたのか

新型コロナウイルス感染の急拡大により、学校教育も子どもたちも大きな影響を受けた。政府は2020年3月2日から春休み終了までの期間、学校を休校とする指示を地方自治体等に対して一方的に通知した。文部科学省が自治体に対し休校を指示する法的権限はないため、形式上は要請を装ったが、事実上の強制であったといっても過言ではなかった。

報道によれば、この決定過程に文部科学省が関与できなかったとされる。総理大臣官邸からのトップダウンで決まったことがわかっている。感染拡大の初期時点では、子どもの重症化リスクは低いとされていたので、この措置に多くの教育関係者が戸惑った。とりわけ、感染が広がっている地域とそうでない地域があったため、全国一律の休校措置決定が一方的に示されたことに、地方教育行政、学校の当惑は強かったと言える。3月から4月は、学校にとっても子どもたちにとっても重要な時期だ。卒業式や入学式が目白押しで、さらに中学校3年生は高校入試が重なる。子どもたちに進路に関わる不利益が生じはしないかと戦々恐々となった。

文部科学省から自治体を経て各家庭に休校通知が出されたのは、2月28日であった。実施の4日前だ。各家庭からの問合せへの対応などに、学校内はおおわらわとなった。質問される教員たちにも周知されておらず、地元教育委員会においても見切り発車での休校指示となったため、登校できなくなる子どもたち、そして保護者は大きな不安のなかに立たされた。

政府による全国一律の休校措置はそれきりであったが、感染の広がりの中で自治体が独自に期間を延長するなどした。大阪においてはゴールデンウイーク明けまで続き、結果的に２か月の長期にわたって子どもたちは学校に通えなかった。一方で、中間的な対応ともいえる試みも編み出された。自宅で子どもを日中見られない家庭もあるであろうことを考慮して、要望があれば登校を許可し、学校で見守りを可能とする中間措置を取った学校や地方教育委員会もあった。当時、私が関わっていた学校においても共働き、ひとり親家庭が多かったことから、在籍の８割の子どもたちが登校した。他方、感染拡大防止を目的に、教員たちによる家庭訪問を原則的に行わないとの方針も示された。自主登校をさせない家庭の場合、子どもたちが自宅でどう過ごしているのか、把握が難しい状況も生み出された。大阪市がそうであった。同様の対応を行った自治体は多かった。

教育相談から見えた孤立感

その間に寄せられた教育相談の内容について触れてみたい。

中学校と小学校に子どもを通わせているある保護者は、休校中に子どもがゲームばかりしていて心配だと相談してきた。保護者によれば、完全に昼夜逆転状態となり、無理にでも中止させなければ、寝ることも忘れてゲームにのめり込んでしまうと嘆いた。また、ゲームをやめさせようとすると激しい親子げんかに発展し、保護者自身も精神的にも滅入ってしまっていると話した。「私の息子が、ほんとうにおかしくなったんじゃないか」。そう語る保護者の表情は生気がなかった。感染拡大で生計も不安定になり、重苦しい家庭内の雰囲気が見て取れた。

私は保護者に対してこうアドバイスした。お母さんのような悩みを抱えている家庭が増えている。だから、「決してお母さんのご家庭だけではないことを知ってほしい」と説き、「子どもさんも学校に通えず、また家にいてもすることがなく、ほかに面白いものも探せないからゲームにただのめり込んでいるだけ」と、その背景を話し、「うちの子だけが」と悲観する必要はないと助言した。

親にとって大きなストレスにちがいないが、子どもも発散しどころのないストレスを抱えている。生活サイクルが一時的に崩れていることはまちがいないだろうが、足踏みしてでも学校は必ず再開する。そうなれば、またもとの生活に戻れる。過剰に心配するあまりに保護者がヒステリックになり、それが発端となって親子関係を悪化させないことが望ましい。「いまはみんながそうだ」と開き直り、気持ちを少し緩めて、親自身の心と体の管理をしっかりするよう注意してほしいとお願いした。

また、このような相談も受けた。

「学校が長期に休みになり、その間まったく勉強が進んでいない。ほかの家庭の様子を聞くと、塾のサポートを受けてオンライン授業に参加するなど、勉強の機会を確保している。うちの娘にはまったく何もできておらず、無性に不安になってきた」と語った。そのうえで「やはりうちの子も塾に通わせたほうがいいのでしょうか」と相談された。

私は保護者に、娘さんは塾に通うことを望んでいるのかを聞いた。すると「娘は行きたいくないと答えた」と言うので、本人が嫌がっているのに、それを無視して無理やり通わせても効果は薄いと、まずは助言した。さらに私から「お母さん、塾の月謝を払う余裕はありますか？」と尋ねた。というのも、このご家庭も感染拡大のなかで収入が減っていると聞いていたためだ。そうした状況のなかで、支出が増えることは大丈夫なのかをあえて質問した。すると、やはりしんどいとつぶやいた。

私は、学習に遅れをとっているのは休校中のすべての子どもたちであって、学校が再開されればその遅れを取り戻すためのさまざまな支援が予定される。子どもたちには残念なことだろうが、夏休みを短くして授業に振り替えるなど、学校も工夫をこらす。だから、いま一時的に遅れがあったとしても、なんとでも挽回できるから心配しないよう促し、子どもの前ではあまりにイライラしないようにと助言した。

休校措置が長引くなかで不安が募り、あたかも自分の子どもだけが取り残されているかのような印象や錯覚に陥ったのだろう。不安心理が掻き立てられた、こうした家庭は多かったと思う。

また、このようなケースもよく見られた。休校期間中に生活リズムが崩れ、食事時間が不規則になり、栄養の偏りと運動不足から休校前と比べ太った子どもたちが目立った。不摂生が深刻化していた。これは大人も同様で、外出を自制したことで運動量が減り、普通に食事をしてもカロリー消費できず、それに加えて収入が減少し、値の張る生鮮品ではなく、安い加工品を選ぶ傾向が増した。また、ストレスからついつい間食してしまうなどで、ますます体重増加の要因が高まり、体調管理がますます難しくなっていた。

NHKは、健康チャンネルサイトで紹介した健康アプリの登録者を対象とする調査を行い、2020年2月から5月にかけての約3か月間で、0～1キロの体重増が31・5パーセント、1～2キロの体重増が15・8パーセント、3キロ以上増えたという人が9・4パーセントを占めたと報じた。全体の約57パーセントの人が、第1次緊急事態宣言を前後して体重が増えたと回答していた。この調査結果から見ても、子どもたちの体調変化は予測された。走り回ったり、友だちと笑いあったり、好奇心を掻き立てながら行動する機会の減少は、子どもたちの食意識の変化を起こし、生活バランスの歪みが常態化することで身体機能が低下し、それが学習意欲や生活意欲の減退にもつながるという傾向が、全国的にかなり深刻化した。

戦後の教育史を振り返っても、緊急事態そのものが初めてであったし、感染拡大による全国一律の休校措置はとにかく異例であった。それらが与えた子どもや家庭への影響、学校の役割や存在の意味がこの事態のなかで捉えなおされることが求められた。私はあらためて、学校に通うことが子どもたちにとっていかに重要であるのかを確かめることができた。友だちと会えないこと、学べないこと、運動できないことからくる子どもの日常の停滞を詳しく分析することは、今後の教育支援や学校の危機管理に活かしていくきわめて重要な歴史的教訓になるのではないかと考える。

取り残される大人たち

2020年3月から本格化し、約2年にわたって感染拡大は続いた。特に、2021年春から9月末までに到来した第4波から第5波、その後、第7波まで小康と拡大が繰り返された。変異したウイルスが順番に入れ替わり、それまでにない規模で新型ウイルスの感染が拡大した。

2021年の大型連休明けから重症化のリスクの高い高齢者を中心にワクチン接種が始まった。ただ、政府が推奨した職域接種が予想以上に広がったことで、途中でワクチンが足らなくなるなどの状況も生じた。それによって若年層の接種が大幅に遅れた。そうしている間に、非常に感染力の強い変異種が広がり、新型コロナウイルスの旧来種で語られてきた若年層の重症化リスクが低いという見立ても通用しなくなった。４度にわたる緊急事態宣言が発出されて、家計はもはや手のほどこしのないほどに傷んだ。あと数か月すれば改善すると信じて我慢してきた多くの人びとに失望は大きく、職を失い、政府による現金給付、家賃補助、緊急貸付など、すべての公的支援をはしごしながら、かろうじて食いつなぐ、生きつなぐ人びとの様子が、私のまわりにも目立った。

一方、政府の公的支援の中に就労活動を義務付けるものがあって、ハローワークに何回行ったかを押印をもって証明しなければならないなどの手続きが求められた。書類の書き方がわからないと訪ねてこられた相談者のひとりは「金が欲しければ働く意欲を見せろと言われているようだ」と語り、「生活が苦しいのは私の努力が足らないためでしょうか」と涙した。母子家庭で、子どもの前ではいつも毅然とされている母親だが、相談の席上では弱音を吐いた。

この相談者は飲食店での接客業、つまりホステスとして働いていた。しかし、接待を伴う夜の飲食店が感染拡大の温床であるかのように取り沙汰され、夜の街は一斉に休業へと追いやられた。そこで働く人びとが生きるすべを失った。そのなかに外国人もたくさんいた。店舗の再開のめどはたたず、そのまま休業から廃業するなどを決めた事業者も多かった。なお、さらにそうした業種で働いていた人びとの困窮は深刻を極めた。

社会福祉協議会を窓口にした緊急生活貸付制度の活用については、緊急小口資金20万円、総合支援資金１８０万円、合わせて最大２００万円までの保証人のいらない融資が特例で導入された。感染拡大を重視し、比較的に簡易な申請で資金が借りられた。まとまった現金が手にできる生活支援として全国で相当に活用され、２０２２年4月時点で貸付額は1兆３千億円を超えた。

ただ、これはあくまでも貸付であって、返済の必要な資金だ。私のまわりを見ても、緊急小口資金や総合支援資金の返済計画を立てられる状況の人はほぼいなかった。政府は生活困窮者に返済を免除すると表明し、申請受付は始まった。審査後、認められた場合の免除通知が各家庭に届いている。

第7章で東日本大震災後の重茂漁協の取り組みを紹介し、漁協によって組合員を共助の力で支え、離職を防ぐ試みについて触れた。あれから11年の歳月が経ち、さらに格差社会が広がった。どこの会社にも、どこの組合にも、どこの共助組織にも所属できないまま、孤独や孤立の中で今回のような大災害級の感染拡大に見舞われた人びとは相当いる。コロナ禍において、日本の感染対策が他国と比べてもうまく行っていると語り、ひんしゅくをかった閣僚がいたが、感染の重症化で命を落とす人数だけを他国と比較して「うまくいった」と自画自賛した的外れの発言だった。

感染拡大のさなかに、自ら死を選んだ人や、困窮によって生きる意欲を失った人びとのことは、まったく視野に入っていない。先進7か国のなかで、若年層の死因中、自死が最も多いのは日本だけだ。政府のなかに人権意識や困難な人びとに寄り添う視点を欠いた人びとがいることはほんとうに残念で、時に現れる見識の低さにはいつもあきれてしまう。

東京大学の仲田泰祐准教授らのグループが公表した試算では、新型コロナウイルスの感性が広がった2020年3月から翌年5月までの間に、国内での自死者は約27000人。失業率と自死数の相関関係に着目して、いくつかの指標から推計した結果、約3200人がコロナ禍によって増えたという試算を発表した。また、2021年6月以降、2024年末までに、さらに2100人増える見通しだとし、場合によってはさらにそれを上回る可能性があることも指摘した（「コロナ禍で自殺者3200人増、今後も増加か　東大試算『朝日新聞』2021年7月22日）。

国内の国立大学が加盟している国立大学保健管理施設協議会のメンタルヘルス委員会が、2020年度の学生の自死率を把握したところ、76人の学生が自死また自死の疑いで死亡したとし、学生10万人当たりの自死率は17・6人（男子21・2人、女子11・3人）だった。2012年度以降の調査結果の推移を参照すると、男子学生は直近6年間で最も高く、女子学生は8年間で最も高かったとし、感染拡大下で海外においても自死率が上昇したのと同様、日本も例外ではなかったとまとめている（「コロナ禍で大学生の自殺者が増加、国立大学保健管理施設協議会が報告」『Health Day News』2021年9月6日）。

統計を見ると、２０２０年の自死者の対前年比で、男性は23人の減少があるのに対して、女性は９３５人増加しており、その傾向は２０２０年7月以降より顕著に見られる。女性の自死背景には、雇用問題や家庭内暴力被害、育児・介護の悩みなどさまざまな要因があるが、ここではコロナ禍における雇用悪化から見える男女差に注目する必要がある。２０２０年4月に、非正規雇用の女性約１０８万人が職を失っている。コロナ禍における雇用情勢の悪化は女性においてより顕著で、女性の非正規雇用労働者数の減少時期より少し遅れて自死者が増加している。雇用拡大と女性の命の問題が密接につながりをもっているという視点からの対策が求められるとする（コロナ禍の自殺問題「今こそ、医療者に求められる視点とは」対談・座談会、本橋豊・金吉晴『週刊医学界新聞』２０２1年4月5日）。

新型コロナウイルスの感染拡大以前から、そもそも女性の非正規率の高さ、母子家庭の生活困窮の実態が指摘されていた。まさに大災害級の感染拡大によって、最も弱いところに、最も大きな痛みが集中した様子が見えてくる。

大災害級の感染拡大に起因する人不況下においても、給付金や家賃補助の申請に条件を付ける。母子家庭の頼みの綱である児童扶養手当の更新にあたっても、ハローワークにおける就労活動の証明印が求められる。それが形式的なものであることは、役所の窓口担当者らもわかっている。しかし、パンデミックの緊急事態下で緊急支援の必要性が高まったとしても、「生活困窮者の努力が足らない」「公助を期待するならばそれぐらいのことはすべき」という考え方の上に制度が成り立っている。私はこれを「品位を欠く扱い」だと指摘する。とりわけ、困窮に陥った状態の人びとは、自尊感情をすでに傷つけているケースが多い。生活していくなかにおいて、もはや選択肢を失ってしまった人びとに対して、心理カウンセリングや生活再建に向けた公的ガイダンスを受ける機会も提供せずに、公助を得たいならこの条件を呑めと迫る扱いは、生活困窮者を見下し品位を欠く扱いそのものだ。それ自体が人権侵害であることを理解しないといけない。

自分が大事にされている実感のある社会へ

2023年5月8日、政府は、新型コロナウイルス感染症を法律に基づいてこれまでの「新型インフルエンザ等感染症」同様の二類感染症から季節性インフルエンザ同様の五類感染症へと移行した。これまで検査や治療が公費対象であったが、それも解除された。マスク着用は個人判断へと変化し、行政主導の室内外問わずの行事開催も実施できるという判断にかわった。

それによって民間の動きも活発化し、ほぼコロナパンデミック前の状態に戻りつつある。海外からの入国手続きも緩和され、外国人観光客が繁華街に目立つようになり、まちに多言語が飛び交うようになってきた。そうしたまちの様子を見て、ようやく「パンデミックが終わった」と安堵する一方で、過去２年数か月にわたって大きく傷ついた生活者の家計の回復にはまだまだ時間がかかると感じている。

とりわけパンデミックの鎮静化とともに始まった物価高騰は、家計負担増を招来し、庶民経済を直撃している。消費者物価指数（生鮮食品を除いた）が２０２０年平均を１００とした場合、２０２２年４月が１０１・４、２０２３年４月が１０４・８。わずか１年の間に３・４パーセントも急上昇した。生鮮食品を除く食料では９・０パーセントの価格高騰が見られ、１９７６年５月以来46年11か月ぶりの著しい高水準となった。

また、２０２３年３月の働く人一人あたりの実質賃金が、前年同月比２・９パーセントも減少。12か月連続のマイナスを記録した。私が出会ってきた不安定な収入で日々を生きている人びとの暮らしから見れば、表れている数値以上に厳しい状況にあることが推測される。

私の現場での臨床経験で言えば、子ども支援は結局、親支援でもあったと言える。保護者たちの就労の不安定化は、またたくまに子どもの教育機会を縮小する作用をもたらす。中学を卒業したら家計を支えるために働くと語った子ども、それなら生活が少し楽になると涙した保護者に何人も出会ってきた。経済的な理由で学びを途中で断念すると語ったのは、外国につながる子どもたちが多かったが、経済格差が固定化しつつある日本社会において、こうした事例がどの地域のどの家庭にも広く起こりうる可能性がある。

もちろん、私の前で高校進学をあきらめると語った子どもを放置はしなかったが、高校進学が決まったとしても制服、体操服、教科書など、大阪の公立高校でも、おおむね12万円前後の経費が必要で、その準備ができないと相談してくる家庭が多い。私学ともなれば、経費はさらに膨らむ。子どもに教育を受けることを躊躇させる社会をぜったいに放置してはならない。

ＯＥＣＤ（経済協力開発機構）が、２０２２年10月に発表した統計によれば、対ＧＤＰ比の公財政教育支出（２０１９年時点）は、日本が２・８パーセントで、データのある加盟国37か国のうち36位だった。ＯＥＣＤ平均は４・１パーセントで、最下位のアイルランド（２・７パーセント）とほぼ同水準だ（ＯＥＣＤホームページ）。

一方、大学などの高等教育における学費の私費負担率は日本が67パーセントで、ＯＥＣＤ平均の31パーセントの倍以上だった。２０２０年時点の私立教育機関（私立大学、私立専門学校等）への在籍比率は79パーセントで、ＯＥＣＤ平均の17パーセントの４倍だった。

２０２０年４月から大学の無償化制度が始まっているが、所得制限があり、かつ完全に学費が無償化となっているわけではなく、貸与型奨学金との併用が一般的だ。日本学生支援機構が２０２０年に行った「令和２年度学生生活調査結果」（日本学生支援機構ホームページ）によれば、何らかの貸与型奨学金を利用している学生（４年制大学生、短期大学生、大学院生約９万人に調査）は49・６パーセントで、日本学生支援機構からの貸与率が８割を超え、国公立と私立との間に比率の差はさほどなかった。

労働者福祉中央協議会が２０２３年に発表した「奨学金や教育費負担に関するアンケート報告書」（労働者福祉中央協議会ホームページ）によれば、利用した奨学金は「有利子」が６割強で最も多く、「無利子」が５割。「給付」はわずか２パーセントだった。「無利子」や「給付」の奨学金を利用しつつも、それだけでは足らずに「有利子」の利用度が高くなっていることがわかる。借入総額は３１０万円で、毎月の返済額は１・５万円、返済期間は14・５年が平均値だった。卒業者の返済に関する問いに〈苦しい〉〈かなり苦しい〉と回答した人が65・３パーセントを占め、過去の調査結果から増加する傾向だとする。また、コロナ前と比べて返済が「苦しくなった」は４人に１人を占め、返済を「延滞したことがある」が26・９パーセントで前回調査と比べて微増。今後の返済に〈不安を感じる〉〈かなり不安〉が７割を超え、〈かなり不安〉は非正規が４割、無職が５割強と、就労の不安定が背景にあることがわかる。奨学金を利用して進学したことについては〈満足〉が74・７パーセント、〈不満〉も25・３パーセントを占めている。これらの数値が、無償化制度導入以降、どのように推移するのか確かめる必要があるが、教育費の公的支援が足踏みするなかで、私などは防衛費の伸び率とのギャップに強い違和感を持つ。

格差を埋めて階層の固定化を克服するためにも、教育の役割や力はとても重要だ。年功序列や終身雇用制が時代に合わないとするならば、あらためて社会全体が人材こそ宝だとの理念を再確立して、多様な学びを支える仕組みを充実させる必要がある。若年で進学ができなくても、働きながら学べる、あるいは学びなおせる生涯学習社会への内実ある移行が求められ、当事者のライフプランニングを支えるリカレント教育、スキリング教育を促進し、高等教育機関への補助金を充実させることで私費負担の大幅な軽減を図る。また、夜間や週末の受講により新しい知識や技術を習得することを後押しすること、学びなおしの希望者を企業が支えるよう誘導するために、従業員の給与補助を拡充するなどだ。

また、海外からの外国人材の活用もさることながら、国内に310万人を超える在留外国人がいることを忘れてならない。このなかには、日本に幼少期に渡ってきたり、日本で生まれた人もいる。ブラッシュアップは必要なものの、多くにバイリンガルの能力があり、この人びとへの関心が日本社会はあまりに低すぎる。就労に必要な日本語学習を職業訓練のなかで積極的に取り入れるとともに、外国語話者の多言語能力を高めるため同様にして職業訓練のメニューに母語支援を追加することを提案したい。

ほかにも、ハローワークの相談員を正規化して専門性を高めることや、都道府県が設置し、厚生労働省も支援する若者の就職支援をワンストップで行うジョブカフェ（若年者のためのワンストップサービスセンター）についても、行政の縦割りを克服して横断型のセンターとし、福祉や教育との連携も必要だ。福祉的援助を受けながら就職活動を行う、高等教育機関で資格取得や専門知識を習得する、こうした重層的で包括的な援助をもとに、若者の就職活動を支えることを提案したい。

人材こそ宝だ。その理念につきるのではないか。自分が大事にされていることを実感できることが社会活性化の近道なのだと考える。

おわりに

２０２３年7月、私たちは永岡桂子文部科学大臣と会い申し入れ書を手交した。内容は日本学生支援機構の支援対象に、「家族滞在」の在留資格で国内の高校等で進学の準備にあたる若者たちを加えてほしいというもの。私が世話人をつとめる子どもの夢応援ネットワークによる要望活動だ。申し入れの際に、当事者のひとりとして現在東京の大学に通うバングラデシュ出身のハリマさんにも同席してもらった。

彼女は高校時代からアルバイトをして就学資金を貯め、そして大学生になった今も法律上の範囲内でアルバイトを目いっぱいこなしている。将来は国際ビジネスに携わりたいと話す彼女は、得意の言語を生かして日本とバングラデシュはもちろん、広く国際社会で活躍したいと抱負を語ってくれた。4年半前に来日したという彼女だが、日本語はみごとなもので、彼女の血のにじむような努力が想像された。大臣を前にして彼女は短い時間ではあったものの、要点をよく整理し、その思いを述べてくれた。その核心は、学業とアルバイトの両立がとても大変であるとしたうえで、「自分のような思いを次の年代の人びとには経験させたくないので、ぜひ条件緩和をお願いします」だった。

彼女の口から出たことは、「次の年代の人びと」だった。彼女自身も本来ならば、支援されてしかるべきなはず。ただ「自分はそれでも進学できた」と強調して、進学を断念する人びとを生み出さないでほしいと訴えた。

大臣、そしてこの場を仲介してくれた国会議員のみなさんも感銘を受けた。彼女は定時制高校に通いながら、同時に地域の学習支援教室に通った。そこでのよい出会いが彼女を支えたことは事実であろう。しかし、ひところは学業の放棄も考えたとしながら、いまは大学生活が楽しいと語った。ハリマさんの言葉は私たち大人にとても重かった。大臣は「前向きに検討したい」と応じてくれた。

学びは育ちであり、学びから疎外されることは育ちの機会も奪われることだ。教育が人権であるゆえんはそこにある。私たちはすべての学びを尊重し、盛り上げ、支えていく生涯学習社会の実現に向け取り組んでいくべきだ。

その機軸となる学校教育の役割はこれまでも、そしてこれからもさらに重要だ。多様な背景を持つ人びとが、多様な学びの機会を得ることは社会の基礎だ。また、〝学ぶ人びと〟からさらに〝学ぶ人びと〟が生まれ、教育の循環が社会を活性化する。私もその一端でなにか役に立ちたいと願っている。

本著を出版するにあたり、かもがわ出版の吉田茂さんをはじめ編集部のみなさんに心よりの感謝を述べたい。ようやく出版できることを心よりよろこんでいる。多くの方々に手に取ってもらえれば幸せだ。

２０２３年9月

著　者

【著者プロフィール】

金　光敏（キムクァンミン）
1971年大阪市生まれ、在日コリアン三世、大阪市立大学大学院修了。NPO職員を経て、現在、常磐会短期大学兼任講師、大阪樟蔭女子大学、大阪千代田短期大学非常勤講師、NPO法人コレジオ・サンタナ理事、社会教育士/防災士、教育コーディネーター。ほかに自治体の諮問委員、学校法人理事など。主な著書に『大阪ミナミの子どもたち』（彩流社）、共著に『多文化社会を生きる子どもたちとスクールソーシャルワーク』（かもがわ出版）、『Q &Aでわかる外国につながる子どもの就学支援』（明石書店）『多文化共生社会の実験室』（青弓社）ほか。

学校のサンクチュアリ
　—多様性ある社会の人権と教育—

2023年9月15日　第1刷発行

著　者　金　光敏（キムクァンミン）
発行者　竹村正治
発行所　株式会社 かもがわ出版
〒602-8119　京都市上京区堀川通出水西入ル
TEL 075(432)2868　FAX 075(432)2869
振替 01010-5-12436
ホームページ http://www.kamogawa.co.jp
印刷所　シナノ書籍印刷株式会社

ISBN978-4-7803-1291-1 C0037